디지털 혁명, RPA의 습격

2020년 6월 18일 초판 1쇄 발행

글쓴이   이문형
펴낸곳   하다
펴낸이   전미정
책임편집   최효준
디자인   윤종욱·정윤혜
출판등록   2009년 12월 3일 제301-2009-230호
주소   서울 중구 퇴계로 182 가락회관 6층
전화   02-2275-5326
팩스   02-2275-5327
이메일   go5326@naver.com
홈페이지   www.npplus.co.kr
ISBN   978-89-97170-61-6 03320

값 18,000원

ⓒ 이문형, 2020

디지털 혁명,
RPA의 습격

——————————— 이문형 지음

각종 SF영화와 현재 상용되고 있는 스마트스피커, 자율자동차 등 산업 및 생활 전반으로 인공지능AI, Artificial Intelligence에 대한 주제가 가까이 와 있다. 하지만 영화에서 미래시대를 상징하던 2020년이 된 현재의 모습에서 AI는 아직도 가야하는 길 수준인 것 같다.

1956년에 열린 다트머스 컨퍼런스에서 "학습의 모든 면 또는 지능의 다른 모든 특성으로 기계를 정밀하게 기술할 수 있고 이를 시뮬레이션 할 수 있다"라는 주장을 포함한 제안들이 제기되었다. 참가자는 레이 솔로모 노프[1], 올리버 셀프리지[2], 트렌처드 모어[3], 아서 새뮤얼[4], 앨런 뉴얼[5]과 허버트 사이먼[6]으로, 이들 모두는 수십 년 동안 인공지능 연구에서 중요한 프로그램을 만들어온 사람들이다. 컨퍼런스에서 뉴얼과 사이먼은 "논리 이론"을 소개했고, 매카시는 인공지능AI을 그들의 연구를 칭하는 이름으로 받아들이길 설득했다. 1956년 다트머스 컨퍼런스는 AI라는 이름, 목표점, 첫 번째 성공과 이를 이룬 사람들, 그리고 넓은 의미의 AI의 탄생을 포함하는 순간이었다. 그리고 현재에는 AI를 통하여 가정과 사업장에서 우리가 당장 어떤 혜택을 볼 것인가에 대해서 많은 연구와 적용들이 이루어지고 있다.

RPARobotics Process Automation는 이 연구와 적용의 산물이다. '인간의 판단과 행동을 강화하고 모방'하는 인공지능 기술은 '규칙 기반의 인간 행동을 복제'하는 RPA 기술을 보완한다고 볼 수 있다. 여기에 RPA의 가치가 있다. RPA란 인공지능으로 가기 위해 반드시 거쳐야 하는, 그리고 RPA를 통하여 제대로 된 인공지능으로 가는 교두보를 제시하는 기술이라고 할 수 있다.

디지털 혁명, RPA의 습격

약 15년 정도의 역사를 가지고 적용이 증명된 RPA 기술이 2~3년 전처음 컨설팅업체를 통하여 국내에 소개된 후의 파급 속도나 시장의 반응은 놀랍다. 국내 RPA 기술 적용의 1단계를 지나 2단계에 접어든 시점에서 RPA에 대한 근본적이고 전반적인 자료의 부족을 느낀 고객사의 요청에 의해 이 책을 쓰게 되었다.

이 책은 4단계로 구성되어 있다. 첫째로 RPA가 무엇이며 어떤 배경에서 탄생했는지에 대해 5가지 트렌드를 소개한다. 또한 RPA란 이름에서 기인하는 정의를 역사적 배경을 통해 살펴본다. 더불어 RPA가 어디에서 적용되고 있으며 어떠한 이점이 있는지, 그리고 기존 기술과는 어떻게 다른지를 소개한다. 두 번째로 RPA 프로젝트를 시작하기 위해선 어떤 준비가 필요하며 어떤 솔루션 제품들이 있는지, 그리고 어느 정도의 시간이 필요하고 어느 정도의 비용이 소요되는지를 살펴보며 실제로 RPA 프로젝트를 어떻게 구축하는지 구체적인 이미지를 통해 RPA를 접해 볼 것이다. 세 번째는 RPA의 미래가 어떻게 발전할지, 그리고 어떠한 기대를 갖고 RPA를 바라봐야 할지 기술하였다. 마지막으로는 그동안 고객들과 RPA에 대해 나눴던 질문들과 이에 대한 답변을 실어 실제적인 이해와 정보를 공유하고자 하였다.

독특하면서 세계적인 한국 산업 환경에 가장 적절한 RPA 구축 방안을 찾고자 하는 분들에게 시행착오를 줄이고 성공적인 프로젝트를 완성할 수 있도록 조금이나마 도움이 되었으면 한다.

차례

RPA의 미래 모습

▶ RPA 솔루션 어렵지 않아요!

RPA가

바꿀 일의 미래

1

인간과 기계

"지금까지 이루어진 모든 기계의 발명이 어떤 인간의 매일 매일의 노고를 가볍게 했는가는 참으로 의문이다." 존 스튜어트 밀[1]이 자신의 저서 『정치경제학 원리』에서 했던 말로, 노동을 중요시하고 기계의 발전으로 인한 부적정인 결과들을 경고했었다. 당시 18세기 말 19세기 초 산업혁명이 진행되던 영국에서 기계의 도입으로 노동자에게 실업의 위기감이 닥쳐왔던 배경을 이해하면 존 스튜어트 밀의 말도 이해하는 데 어렵지는 않다.

"기계가 우리 노동자의 일을 대신해 버린다. 기계가 많아질수록 노동자의 일자리는 사라지고 생존의 위협을 받게 된다. 그러니 저 기계를 부숴 버리자! 그래야만 우리 노동자가 잘살 수 있다." 이것은 러다이트 운동[2], 즉 기계 파괴 운동의 시발점이 된 영국의 네드 러드[3]를 내세운 노동자들의 주장이었다.

노동자의 열악한 상황이 기계의 도입에서 시작되었다고 생각하여 기계를 파괴함으로써 예전과 같은 노동 조건으로 돌아갈 수 있을 것이라 기대한 것이었다. 하지만 그 기계 덕분에 새롭게 생겨나는 일자리가 있을 수 있다는 사실은 몰랐다.

서양의 산업협명과 마찬가지로 한국의 산업화도 새로 도입되는 기계가 노동력을 대체해 나가는 기계화 과정이었다고 할 수 있다. 러드식 해석에 따르면 산업화 과정에서 대량의 실업이 발생해야만 한다. 하지만 역사적 사실은 그 반대였다. 기계화를 통해 실업률이 낮아진 것은 물론이고 국민소득 중에서 노동자들이 차지하는 노동 소득 분배율 또한 높아졌다. 산업화를 통한 경제 성장의 과실이 노동자들에게 많이 돌아간 결과였다.

1980년대 타자기를 다루던 타자수를 예를 들어 보자. 컴퓨터의 도입으로 타자수의 많은 일자리가 사라졌으나 컴퓨터에 쓰이는 반도체의 수요로 인해 10만 명이 넘는 근로자가 새로운 일자리를 얻었고, 협력 기업들까지 생각해 본다면 수십만 명의 노동자가 새로운 일자리를 찾게 되었다.

기계 파괴 운동이 벌어진 지 200여 년이 흐른 21세기에도 비슷한 일들이 반복되고 있다. "컴퓨터나 로봇, 첨단 통신 기술 등이 발전함에 따라 사람들이 직장에서 쫓겨나게 되는데, 그 영향력의 범위가 과거처럼 생산직 등 노동자인 블루칼라에만 그치는 것이 아니라 변호사, 회계사 같은 전문 사무직인 화이트칼라에게까지 미친다"고 우려하고 있다. 이른바 네오러다이트Neo-Luddite 운동인데 이들 신新 기계 파괴 운동가들의 우려 역시 러드가 그랬던 것처럼 해프닝으로 기록될 게 분명해 보인다.

공장 자동화가 블루칼라 인력의 새로운 일자리와 재배치를 이루었다면 RPA는 화이트칼라의 자유를 만들어 줄 것이다. 좀 더 인문학적 해석을

해 보자면 원래 인간이 잘할 수 있고, 잘하고 있었던 일에 회귀하여 본연으로 돌아갈 수 있다고 본다. 공장 자동화건 사무 자동화건 지금 자동화하고자 하는 프로세스들은 모두 인간의 필요에 의해 하나씩 만들어진 인위적인 과정들이다. 즉, 원래 태초에 없던 것들을 자동화란 도구로 되돌려 보내고 우리 인간은 해야 하고, 잘할 수 있는 것에 다시 집중할 수 있다는 것이다. 이것이 RPA의 철학이다.

데이비드 래퍼 IBM 아태·중국 사회공헌 총괄은 다음과 같이 말했다. "인공지능과 빅데이터가 모든 것을 지배하는 세상에서 블루칼라와 화이트칼라의 역할은 갈수록 미미해지고 있다. 뉴칼라New Collar는 새로운 것을 창조하고 연구·개발하는 능력이 뛰어난 계급인데 이들이 미래 세상을 이끌어 갈 것이다." "학위가 있는지 없는지는 전혀 중요한 문제가 아니다. 얼마나 과학, 기술, 엔지니어링, 수학 분야를 친숙하게 느끼며 일하는지, 그리고 세상의 변화에 얼마만큼 적응하는지가 더 중요하다."

2

나만의 집사, RPA

RPA는 Robotic Process Automation의 약자이다. 영단어에서 RPA의 뜻을 유추해 보자. 로보틱Robotic은 기계적이란 의미에 사용자의 개입 없이 스스로 처리한다는 뜻을 더한다. 즉 기계Machine의 특징인 정확하고 규칙적이란 의미에서 더 나아가 사람 흉내를 낸다는 의미를 담고 있다. 골프를 칠 때 전혀 실수 없이 모든 홀을 파로 마무리할 때 사람들을 '그 사람, 로봇같다.'고 말한다. 프로세스Process는 어떤 일을 마치기까지의 경로나 과정을 의미한다. 오토메이션Automation은 사람의 손을 거치지 않고 기계가 스스로 움직이는 것을 의미한다. 이를 종합해 보면, '규칙적인 사람 흉내Robotic 과정 Process을 기계가 스스로 움직여 처리Automation하는 것'이라 해석할 수 있다.

　　대저택의 '집사'를 예를 들어 보자. 손님을 맞이하거나, 아침을 준비하여 주인을 부르고, 옷을 추천해 주고, 약속을 잡아 주며, 집안의 온갖 잡다한 일들을 대신 처리하여 주인을 편하게 만들어 주는 존재가 집사이다. 이 집사가 우리 컴퓨터에서 일한다고 생각해 보자. 문서를 작성하고 첨부하여 수신자에게 이메일을 발송하고, 웹을 서치하여 찾는 내용을 엑셀이나 워드에 저장해 주며, 매일 입력되는 여러 지점의 매출 데이터를 상사가 보고자 하는 형태로 만들어 보내 주며, 문서로 되어 있는 자료를 읽어서 필요한 자료를 데이터베이스에 저장해 준다면? 우리는 그 시간에 퇴근하여 가족과 시간을 보내고 다음 날 출근하여 RPA가 만들어 준 결과를 갖고 판단과 결정을 한다. 뿐만 아니라 보다 창의적이고 복잡한 업무를 진행할 수 있다.

1 — 로보틱(Robotic): 규칙적으로 사람 흉내를 내는

기계Machine란 사용자가 일일이 조종하는 대로 움직이는 장치를 말한다. 로봇은 미리 프로그래밍된 작업을 사용자의 조종 없이 일정 조건에서 스스로 처리하는 자동화된 기계를 의미한다. 차이는 아래와 같다.

마징가제트, 철인28호, 건담 – 사람이 탑승해서 조종하는 기계 – 발달한 기계에 가깝다.
아톰, 짱가, 트랜스포머 – 스스로 판단하고 움직이는 기계 – 로봇에 가깝다.

따라서 기계 내부에서 스스로 자동화하더라도 움직이지 않고 고정되어 있거나 또는 사람이나 동물의 모습이 아니면 로봇으로 부르지 않는다. 냉장고나 세탁기가 그 예시이다. 움직이는 모습을 흉내 내야 비로소 로봇이라 부른다.

그동안 인간이 해 오던 많은 일들을 지금은 로봇이 대신하고 있다. 산업 현장에는 단조로운 반복 작업이나 따분한 작업, 불쾌한 작업들이 많은데 이와 같은 작업은 특히 로봇에게 맡기기에 적합하다. 조립 공장에서 리벳 박는 일, 용접, 자동차 차체를 칠하는 일 등이 좋은 예이다. 이런 종류의 작업은 로봇 쪽이 인간보다 더 잘해 낼 수 있다. 로봇은 언제나 일정한 수준의 정밀도와 정확도로 작업을 계속할 수 있기 때문이다. 따라서 제품의 품질이 항상 일정하다. 게다가 결코 지칠 줄을 모르기 때문에 휴식을 취할 필요가 없어 많은 양의 제품을 만들 수도 있다.

역사적 로봇의 개념이 처음 나온 것은 1495년으로 레오나르도 다빈치[4]가 '레오나르도 다빈치의 로봇'이라는 갑옷을 구상해 낸 것이 그것이다. 희대의 천재가 만든 이것은 축바퀴와 케이블을 이용해 앉고 일어서며 스스로의 관절을 움직일 수 있는 갑옷에 대한 설계도였다.

'로봇'이란 용어는 체코슬로바키아의 극작가 카렐 차페크[5]가 1920년에 발표한 희곡 〈R.U.R〉에 쓴 것이 퍼져 일반적으로 사용되기 시작했다. 체코어로 '노동'을 의미하는 'robota'가 어원으로, 로보틱스Robotics라는 말은 로봇의 활용과 로봇 공학을 의미하게 되었다. 이 말은 미국 과학자이면서 작가인 아이작 아시모프[6]가 1942년에 발간한 단편소설 〈Runaround〉에서 최초로 사용하였다.

그 후 인간을 뜻하는 '휴먼Human'과 닮음을 뜻하는 '노이드~oid'가 합쳐져 '휴머노이드Humanoid'라는 단어가 탄생했다. 새 천년인 2000년, 혼다는 52kg, 무게 중심의 자동 인식 기능, 상단 기구를 완벽하게 만든 최첨단 로봇 'Asimo'를 선보여 전 세계를 경악하게 했다.

인간형 로봇, 휴머노이드는 인간의 삶을 좀 더 편하게 만들기 위해 여러 과학 분야에서 연구되고 있다. 인간의 인식과 자각, 운동 기술을 이해하기 위해 진보된 휴머노이드가 각광받기 시작했고 그 구조 역시 인간과 유사해지기 시작했다. 휴머노이드는 연구용 이외에도 병자나 노인을 돕거나, 위험하고 힘든 일을 보조 및 직접 일하는 용도로도 사용되었다. 뿐만 아니라 엔터테인먼트용으로도 사용되기 시작했다. 즉 'Robotics'는 사람을 흉내 내는 기계라고 이해할 수 있다.

2 ― 프로세스(Process): 과정. 활동의 흐름

일반적으로 프로세스는 입력을 출력으로 변환하는 처리 과정 혹은 활동의 흐름이다. 기업 내의 프로세스를 크게 구분하면 ① 자재 프로세스 ② 정보 프로세스 ③ 비즈니스 프로세스로 3가지 유형이 존재한다. 자재 프로세스는 완제품을 제공하기 위해 원자재 및 부품을 처리하는 과정이며, 정보 프로세스는 정보를 제공하기 위해 데이터를 처리하는 과정이다. 비즈니스 프로세스는 고객 만족을 위해 거래 처리를 행하는 과정이다. 비즈니스 프로세스의 정의를 구체적으로 살펴보면, 비즈니스 프로세스는 특정 사건에 의해 시작되어 새 상품을 개발, 생성 및 주문이행, 마케팅 계획, 직원 고용 등이 그 예이다. 정해진 산출물을 만들어 내는 상호 연결된, 단위 업무들의 집합이다.

최근에 이뤄지는 급속한 기업 환경의 변화는 공급자에서 고객으로의 힘의 이동, 국경을 초월한 기업 간의 경쟁, 기술과 시장의 급격한 변화로 특징지을 수 있다. BPRBusiness Process Reenigneering이란 기업의 수행도 향상에 획기적인 개선을 이룩하기 위해 기존 프로세스를 철저하게 분석하고 과감하게 재설계하는 것을 의미한다. 즉, BPR은 기업 운영에 있어서 과도한 지연을 없애고 비용을 절감하기 위해 기업 프로세스를 단순화하는 것이다. 이와 같이 기업은 BPR을 이용해 보다 나은 성과를 발휘하는 비즈니스 프로세스를 운영할 수 있게 된다. BPR의 라이프 사이클은 4단계로 이루어지는데, ① 기존 프로세스의 현상 진단을 통해 문제점을 파악하고 ② 기존 프로세스의 철저한 분석을 바탕으로 새로운 프로세스 재설계를 수행하며 ③ 신 프로세스를 위한 시스템 재구축 과정으로 이어진다. ④ 시스템 재구축 단계 이후에는 이를 이용하여 재설계된 프로세스를 운영하는 실행 과정을 반복한다. 즉, 진단 단계에서는 현재 및 미래 상황 분석을 위해, 현행 프로세스의 KPI Key Performance Indicator 평가가 이루어지고 미래 상황을 예견하기 위한 시뮬레이션이 수행된다. 재설계 단계에서는 신규 프로세스를 위한 새로운 상황이 모델링된다. 재구축 단계에서는 새롭게 설계된 프로세스의 실행을 위해 기존 업무 프로세스가 재구성되며 정보 시스템노 새롭게 구축된다.

BPR을 가능하게 하는 핵심 정보 기술로써 워크플로우 관리 시스템 WFMS, Workflow Management System이나 이 시스템의 확장된 개념인 비즈니스 프로세스 관리 시스템 BPM, Business Process Management의 도입이 이루어지고 있다.

BPM은 기존 워크플로우 관리 시스템이 진화한 것으로 생각할 수 있는데, 워크플로우 관리 시스템은 프로세스 자동화에 중점을 둔 데 비해 BPM은 글로벌화되는 최근의 경영 환경을 반영하는 어플리케이션 통합이나 협업 및 프로세스 조정 등에 중점을 두고 있다. 즉, BPM은 기업 경쟁력 향상을 위해 프로세스의 효율적 실행이 중요시되면서 프로세스의 전 주기를 관리하는 방향으로 그 범위를 확장하고 있는데, 워크플로우 관리 시스템에서 상대적으로 소홀히 취급되었던 프로세스 분석이나 진단 기능들을 추가적으로 지원하는 것이다. BPM이란 사람, 조직, 응용 시스템, 문서와 기타 정보를 포함하는 운영 프로세스를 설계하고 실행하며, 제어하고 분석하기 위해 필요한 각종 방법이나 기법 및 소프트웨어를 사용하여 기업 프로세스를 지원하는 것이라 할 수 있다.

　BPM을 위한 정보 시스템인 BPMS는 진단-(재)설계-(재)구축-운영의 전체 비즈니스 프로세스 사이클에서 프로세스 운영을 실행, 관리 및 조율하기 위해 명백한 프로세스 설계에 의해 작동하는 일반적인 소프트웨어 시스템을 말한다.

　BPM(S) 개념의 변천과 발전 방향을 관리 시스템과 정보 시스템의 관점에서 각각 살펴보면, 관리 시스템 관점에서의 BPM(S)는 1910년대 테일러[7]의 과학적 관리에서 1990년대의 ERP[8]를 거쳐 2000년대에는 BPM(S)로 변화하고 있다. 최근의 BPMS는 워크플로우에 기반한 유연성을 그 특징으로 하고 있으며, 이를 BPM의 제3의 파도라고 부르고 있다. 1세대 BPM(S)는 수작업에 의한 비즈니스 프로세스 관리를 특징으로 하며, 2세대 BPM(S)는 다량의 트랜잭션 처리를 위한 절차적 자동화에 중점을 두고 있다. 3세대에서는 비즈니스 프로세스의 유연한 자동화에 초점을 맞추고 있다.

　정보 시스템 관점에서 BPM(S)는 1980년대의 의사 교환이나 정보 공유 중심의 이메일이나 그룹웨어 등의 사무 자동화에 쓰이고, 1990년대에는 문서 흐름 자동화 중심의 워크플로우로 발전하여 이 시기에 워크플로우 개념 정립 및 상용 제품이 등장하였다. 워크플로우 관리 시스템WFMS은 '소프트웨어를 이용하여 컴퓨터로 표현된 업무 규칙에 의해 실행 순서가 제어되는 업무 흐름을 정의하고 관리 및 실행하는 시스템'이라고 정의한다. 용어 자체에 이미 프로세스 자동화의 개념이 내포되어 있어서 워크플로우 관리 시스템은 BPR 성공을 위한 핵심 정보 기술로서 중요한 역할을 하였다. 2000년대에는 협업 중심의 전략적 정보화라 할 수 있는 BPMS로 발전하고 있으므로 최근의 BPMS는 자동화Automation에서 협업Orchestration으로 그 중심이 이동해가고 있다.

BPM가끔 '비즈니스 프로세스 자동화'와 혼용됨은 특정 소프트웨어가 아닌 비즈니스 프로세스를 간소화하고 효율성과 가치를 극대화하는 방법이다. 프로세스가 어떻게 작동하고 있는지, 개선 분야는 어디인지 파악하고, 솔루션을 처음부터 끝까지 구축하기 위한 방법을 상세하게 검토한다. BPM은 비즈니스 프로세스의 인프라가 견고하다는 것을 확인하는 것이다.

반면 RPA는 인간처럼 프로세스를 조작하기 위해 설계되었기 때문에 좀 더 표면적인 레벨User Interface 같은에 존재한다고 할 수 있다. 구현이 더 빠르고 모든 소프트웨어에서 바로 사용할 수 있으며, 변화하는 세계에 적응하도록 쉽게 변경하거나 업데이트가 가능하다.

RPA와 BPM은 서로 상충되지 않는다. 서로 다른 구현 전략을 가지고 같은 목표를 달성하고자 하는 것이기 때문이다. 이전에 사람이 처리하던 빈도 높은 프로세스를 처리하기 위해 RPA를 사용하고 표면 수준의 수정에 의지하는 것이 아니라 프로세스 자체를 변환해야 하는 경우가 있는데 이럴 때는 BPM을 사용하는 것이 적당하다.

물론, 우리 모두는 비즈니스 구조를 변화시키는 것이 항상 실현 가능한 것은 아니라는 것을 알고 있다. 이런 경우 많은 개발과 많은 투자시간과 돈가 필요하다는 것도 알고 있다. 프로세스를 처음부터 끝까지 새로 구축할 만큼 시간적으로, 경제적으로 여유로운 사람은 많지 않다. 이럴 때 RPA가 가장 적합한 솔루션이 된다. RPA를 사용하여 작업을 계속하는 동안 좀 더 깊게 수정을 검토할 수 있는 최소한의 시간을 벌 수도 있다.

자율주행차[9]에 비유한다면 RPA 접근법은 인간처럼 기존의 자동차를 조종하려고 하는 한편, BPM 접근법은 모든 도로를 철거하고 자동차가 자력으로 이동하기 위한 인프라를 설치해야 한다는 것이다. 미국의 모든 도로를 대체할 이상적인 솔루션이 없기 때문에 구글Google은 RPA의 관점에서 문제에 접근하고 있다. 그렇다고 해서 RPA가 항상 더 나은 선택지가 되는 것은 아니다. 핵심은 두 접근법의 차이점을 파악하고 두 가지 전략을 최대한 활용하는 것이라고 할 수 있다.

3 — 오토메이션(Automation): 자동화. 인간 없이 스스로 작동하는 것

'자동화Automation'란 그리스어의 '스스로 움직인다'라는 뜻의 'Automatos'에 그 어원을 두고 있다. 즉 대상을 자동화한다는 것은 '살아 있는 생물의 동작을 모방한다'는 것으로, 컴퓨터 등 전자기기가 자동화에 쓰이기 전에는 이를 기계적으로 모방하는 것을 뜻했다.

자동화의 진정한 의미는 인간의 손을 대신하는 도구나 기계를 사용하여 작업 방식의 효율을 높이는 데 있다. 사람 대신 기계가 작업하도록 하는 장치와 같은 자동화의 대상은 간단한 것부터 여러 가지 부품으로 구성된 복잡한 로봇 장치나 제품까지를 포함한다.

자동화의 기반은 제어이론[10]이다. 이 이론은 투입과 산출이 일방으로 진행되는 것이 아니라, 산출결과를 피드백Feedback해서 투입수준을 조절하고 그에 따라 원하는 산출에 도달하는 시스템을 다룬다. 원하는 산출을 얻기 위해 사람이 투입을 정해서 부가하는 것이 아니라, 시스템이 스스로 투입을 조절하는 것이다. 제어이론이 학문적으로 정립되기 전, 인류는 이미 오래전부터 그 지혜를 활용해 왔다. 고대 그리스에서 크테시비우스[11]가 발명한 자동인형 물시계나, 17세기에 발명된 자동온도조절기도 그 원리를 따랐다.

1947년 포드자동차가 오토메이션이라는 명칭을 처음 만들어 사용했다. 그 전까지 통용되던 단어는 오토매티즘Automatism이었다. 기존 조립라인에 수력, 전기장치, 기압설비를 결합함으로써 사람이 손을 대지 않고도 처리할 수 있는 공정들을 도입한 것이다.

자동차를 오토모빌Automobile이라고 부르는 데에서 알 수 있듯, 자동차 엔지니어들은 이미 자동이라는 개념에 익숙했다. 포드사가 자동화 개발에 착수하게 된 이유는 2차 세계대전 이후 노동력이 부족하고 임금이 상승했기 때문이었다. 신조어 오토메이션은 그렇게 산업계에서 유행어가 됐다.

자동화의 장점은 다음과 같다. 첫째, 생산제품의 균일화, 표준화를 이룰 수 있으며 품질을 향상시키고 대량 생산을 할 수 있다. 둘째, 원자재와 인건비를 절약할 수 있고 생산성을 상승시킬 수 있다. 셋째, 노동조건의 향상과 직업의 편리성 및 위험한 환경을 안전화할 수 있다. 넷째, 생산설비의 수명연장 및 생산원가를 절감할 수 있다.

반대로 자동화의 단점도 존재한다. 첫째, 자동화 설비의 신규 투자비용이 크다. 둘째, 고도화된 기술이 필요하다. 조작에 있어서 능숙한 기술이 필요하기 때문이다. 셋째, 설비의 운전, 수리, 보관에 있어서 고도화된 지식이 필요하다. 넷째, 설비의 일부에만 고장이 발생해도 전 공정에 영향을 미친다. 이 부분은 앞으로 얘기할 RPA에서 유념하여 보완해야 할 요소들이다.

3

RPA는 필연

RPA의 탄생을 가져오고, RPA를 성숙하게 만들고 있는 5가지 트렌드를 소
개한다.

1 ― 세계적 저성장 기조

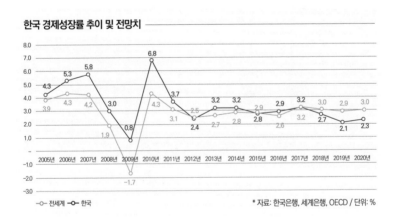

한국 경제성장률 추이 및 전망치

* 자료: 한국은행, 세계은행, OECD / 단위: %

디지털 혁명, RPA의 습격

현재 전 세계 경제가 매우 완만한 확장 국면으로 접어들었지만 소비·투자·수출의 부진과 신흥국 경기 하락 등으로 저성장세가 상당 기간 지속될 것이라는 진단이 나왔다. OECD[12]는 2019년 세계 경제성장률 전망치를 당초 3.2%에서 2.9%로 수정 전망하였고 2019년 한국 경제성장률 전망치 역시 당초 2.4%에서 하락한 2.1%로 수정하였다.

　　2020년 세계 경제성장률 전망치 역시 당초 3.4%에서 3.0%로 수정하면서 한국 역시 2.5%에서 2.3%로 수정 전망하고 있다. 하향 조정의 배경으로는 세계 경제성장 침체가 중국 경제침체에 직접적이고도 가장 큰 영향을 받는다는 점과 일본 수출규제 여파가 주로 지적되고 있다. 한국의 무역 의존도는 70.4%[2018년] 기준으로 세계 경제 흐름과 밀접하게 연관되어 있기 때문이다.

　　이러한 저성장 기조는 당분간 지속될 것으로 보이며 투자의 위축으로 생산이나 시스템에 대한 개선이 이루어지지 못하여 다시 저성장의 악순환을 만들 가능성이 커졌다. ICT[13] 투자의 경우, 더욱 위축될 가능성이 높으며 투자가 이루어진다 할지라도 필수품목 위주, 혹은 ROI[14]를 최대로 올릴 수 있는 방안을 선택할 가능성이 높아진 것이다.

　　RPA는 최근 기술 중 투자 대비 효과가 가장 높은 솔루션으로 각광받고 있으며 생산성을 높이고 시간을 줄이는 최적의 솔루션으로 주목받고 있다.

　　여기에 더하여 최근 2019년 12월 중국 후베이성 우한시에서 시작된 코로나바이러스감염증 여파로 인해 세계경제가 최대 3.2% 감소할 것으로 전망하고 있다. 이는 2008년 글로벌 금융위기 이후 최저치이며 2021년에 가서야 회복세가 가능할 것으로 보인다.

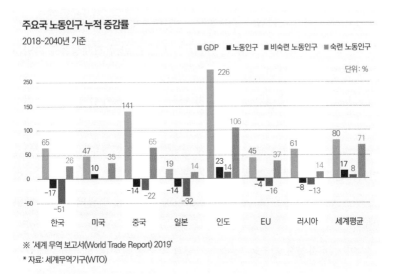

주요국 노동인구 누적 증감률

2018~2040년 기준

■ GDP　■ 노동인구　■ 비숙련 노동인구　■ 숙련 노동인구

단위 : %

※ '세계 무역 보고서(World Trade Report) 2019'

* 자료: 세계무역기구(WTO)

　　WTO[15]가 최근 발간한 '세계 무역 보고서World Trade Report 2019'에 따르면 2040년 한국의 인구는 지난해와 같은 수준을 유지하지만, 노동인구는 17%나 줄어들 것으로 추산했다. 이는 전 세계 평균17% 증가과 정반대의 흐름이며, 주요 국가·지역 가운데 가장 큰 감소율이다.

　　중국과 일본이 같은 기간 각각 14% 줄어들면서 한국의 뒤를 잇고, 러시아와 유럽연합EU도 각각 8%, 4% 감소할 것으로 예상된다. 한국은 고등교육 수준 미만의 비숙련 노동인구 감소율이 51%에 달해 역시 세계에서 가장 높을 것으로 전망됐다. 다만 숙련 노동인구는 2040년까지 26% 늘어날 것으로 관측된다.

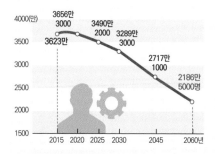

통계청이 2011년 발표한 장래인구 추계 (2010~2060년)를 보면, 생산가능 인구 (15~64세)는 2019년 약 3,700만 명(인구의 72.9%)을 정점으로 다음해부터 감소세로 돌아선다. 생산가능 인구는 2050년까지 1,000만 명 이상 감소해 2060년에는 2,187만 명(인구의 49.7%) 수준으로 떨어질 전망이다.

※ 생산가능인구: 15~64세
* 자료: 통계청 '장래인구추계 2010~2060년'(중위가정 기준)

원문: 한겨레, "인구 줄어들면 취업난 사라질까?",
http://www.hani.co.kr/arti/society/labor/770681.html#csidx3e3123f3fe21441b2e03d53aadaaeec

위에서와 같이 노동인구가 심각하게 감소하는 상황에서 특히 제조업을 근간으로 하는 한국의 경우 생산성에 더욱 심각한 타격을 입을 것으로 예상된다. 제조업의 경우 현장 생산인력이 부족해 해외인력을 활용하고 있다. 이는 이미 오래전부터 시작된 일이다

이는 제조업만의 문제가 아니다. 유통, 서비스업, 공공서비스 등 산업 전반으로 숙련된 근로자를 확보하는 것이 생존 조건이 되어가고 있다. ICT 분야만 하더라도 개발자 1명을 키우기 위해서는 교육과 실습, 현장 프로젝트 경험 등 최소 2~3년이 소요된다. 이렇게 숙련된 개발자를 키워도 대기업이나 해외기업으로 뺏기는 사례가 빈번히 발생하고 있어 하이테크 산업에서의 인력난도 매우 심각한 상황이다.

RPA의 역할이 여기서 빛을 발할 수 있다. 생산성 측면만 보더라도 단순 반복 업무의 생산성은 이미 사람의 2~3배에 달하면서도 오류가 적다는 것이 장점 중의 하나이다. 날로 고급화되고 줄어드는 인력은 보다 창조적

인 업무에 배치하고 단순 반복 업무는 로봇이 대체하듯 사무환경에서도 지루하고 반복된 업무는 RPA가 처리하게 될 것이다.

3 – 주 52시간 근무제 시행

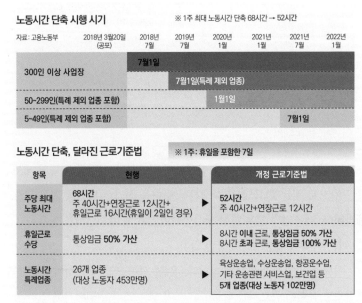

노동시간 단축 시행 시기   ※ 1주 최대 노동시간 단축 68시간 → 52시간

자료: 고용노동부

	2018년 3월 20일 (공포)	2018년 7월	2019년 7월	2020년 1월	2021년 1월	2021년 7월	2022년 1월
300인 이상 사업장		7월 1일					
			7월 1일(특례 제외 업종)				
50~299인(특례 제외 업종 포함)				1월 1일			
5~49인(특례 제외 업종 포함)						7월 1일	

노동시간 단축, 달라진 근로기준법   ※ 1주: 휴일을 포함한 7일

항목	현행	개정 근로기준법
주당 최대 노동시간	68시간 주 40시간+연장근로 12시간+ 휴일근로 16시간(휴일이 2일인 경우)	▶ 52시간 주 40시간+연장근로 12시간
휴일근로 수당	통상임금 50% 가산	▶ 8시간 이내 근로, 통상임금 50% 가산 8시간 초과 근로, 통상임금 100% 가산
노동시간 특례업종	26개 업종 (대상 노동자 453만명)	▶ 육상운송업, 수상운송업, 항공운수업, 기타 운송관련 서비스업, 보건업 등 5개 업종(대상 노동자 102만명)

'주 52시간 근무' 시대가 막을 올렸다. 앞으로 하루 8시간씩 5일, 여기에 연장근로 12시간을 더한 52시간이 1주에 일할 수 있는 최대 노동시간이 된다.

주 52시간 근무제가 적용되는 시점은 사업장 규모별로 조금씩 다르다. 300인 이상 사업장과 정부 및 공공기관은 당장 2018년 7월 1일부터 주 52시간 근무제를 이행하기 시작했다. 이어 50~300인 미만 사업장은 2020년 1월부터, 5~50인 미만은 2021년 7월부터 순차적으로 주 52시간 근무 체제를 갖추게 된다. 이에 대해 고용부는 "(노동시간 단축으로 인한) 노동자의 소득 감소 및 중소기업의 경영상 부담 등을 고려해 기업 규모별로 단계적으로 시행하는 것"이라고 설명했다.

원문: 한겨레, "'주 52시간 근무' 시대 시작됐다…휴일근로, 연장근로에 포함",
http://www.hani.co.kr/arti/society/labor/851371.html#csidx70ad6705a9f7715861e2db63067782f

주 52시간 근무제[16]는 고질적인 장시간 근로 관행을 지양하고, 워라밸[17]을 추구하기 위한 목적으로 도입되었다. 아직은 시험단계이나 정부가 강하게 추진하는 정책 중 하나이다. 고용주의 입장에선 대안을 찾지 않을 수 없다. 가뜩이나 기업의 경쟁력이 떨어지는 상황에서 제한된 투자로 이전의 생산력을 유지해야 한다. 하지만 RPA가 적용된 업무는 '주 52시간 근무세'에서 자유롭다. 전기만 공급되면 RPA는 밤을 새우거나 주말 내내 정해진 업무를 묵묵히 수행할 것이다.

4 ― 제4차 산업혁명의 도래

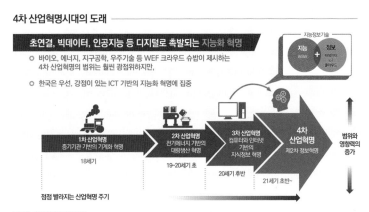

* 출처: 4차산업혁명위원회

제4차 산업혁명은 정보통신기술ICT의 융합으로 이루어 낸 혁명 시대를 말한다. 18세기 초 산업협명 이후 네 번째로 중요한 산업 시대이다. 이 혁명의 핵심은 빅데이터 분석[18], 인공지능[19], 로봇공학[20], 사물인터넷[21], 무인 운송 수단무인 항공기, 무인 자동차, 3차원 인쇄[22], 나노 기술[23]과 같은 6대 분야에서 새로운 기술 혁신을 이룬다.

인공지능AI, Artificial Intelligence이란 개념이 나온 지는 60년이 넘었지만 요즘에서야 실제로 적용되고 있다. AI가 앞으로의 우리 삶에 가장 많은 영향을 줄 기술로 대두된 것은, 다름 아닌 하드웨어와 소프트웨어 기술의 발전 덕분이라 할 수 있다.

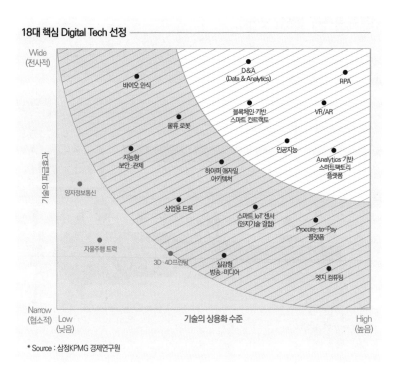

18대 핵심 Digital Tech 선정

* Source : 삼정KPMG 경제연구원

RPA 이전에 존재했던 사무자동화 개념이 갑자기 RPA란 이름으로 각광받기 시작한 것 또한 하드웨어와 소프트웨어의 발전이 있었기 때문에 가능한 것이었다. RPA가 탑재되는 노트북과 데스크탑의 사양은 오래전의 슈퍼컴퓨터에 버금간다. 서버의 사양은 더욱 좋아져 웬만한 기업 업무는 RPA 탑재 컴퓨터 몇 대로 충분히 처리 가능해졌다.

2018년 삼정KPMG 경제연구원의 보고서에서는 기업의 각 부서별로 활용할 수 있는 핵심 기술을 도출하는 것을 목표로, 기술의 상용화 수준과 파급효과를 양축으로 총 18개의 기술을 선정하였다. 기술의 상용화 수준이 높은 동시에 산업 전반에 미치는 파급력도 높을 것으로 예상되는 기술로는 RPARobotic Process Automation, 로봇프로세스 자동화, D&AData & Analytics, 블록체인[24] 기반 스마트 컨트랙트를 포함한 총 6개의 기술이 도출되었다.

5 — 밀레니얼 세대의 등장

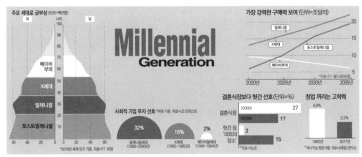

원문: 매일경제, "밀레니얼 세대 '대세'…"잡으면 살고 놓치면 죽는다""
https://www.mk.co.kr/news/world/view/2019/02/71991/

밀레니얼 세대Millennial Generation, 밀레니얼스Millennials 또는 Y세대Generation Y는 X세대의 뒤를 잇는 인구집단이다. 정확한 구분 기준은 없으나, 대다수의 전문가들은 1980~2000년대 초반까지 출생한 세대를 주로 일컫는다. 대부분 베이비붐[25] 세대의 자녀들이라 베이비붐 에코 세대에코 부머즈, Echo

Boomers라고도 한다.

　미국의 작가 윌리엄 스트라우스[26]와 닐 하우[27]는 〈미국의 미래 1584-2069: 밀레니얼 세대〉에 밀레니얼 세대에 대해서 썼고, 〈위대한 다음 세대: 밀레니엄 세대의 부상〉이라는 책을 발표했다. 〈세대들, 미국 미래의 역사〉 1991에서 처음 사용한 용어이다.

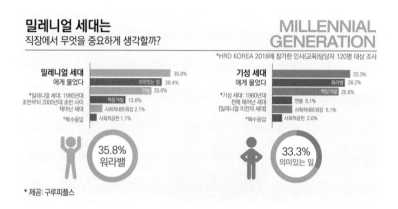

　밀레니얼 세대는 유소년기부터 정보통신 기술IT의 과도기를 겪은 세대로서 활용력이 다른 세대에 비해 탁월하며 대학 진학률도 높다. 전통적 마케팅 광고보다는 개인적 정보SNS, 블로그 등를 더 신뢰하며, 제품 브랜드에 대해서도 다른 세대 보다 상대적으로 관심이 적다. 이 세대의 큰 특징은 아날로그와 디지털을 모두 경험한 과도기 세대라는 점이다. 긍정적으로 본다면 앞뒤 세대의 특성을 공유하여 폭넓고 다원적인 세대라 할 수 있지만 부정적으로 본다면 특징이 두드러지지 않는 세대라 할 수 있다.

　이 세대는 기본적으로 워라밸을 중요시하여 스스로 52시간을 지키고자 한다. 새로운 IT 기술이 편리함을 가져온다면 쉽게 받아들일 것이다. 사회의 허리 부분을 담당하고 있는 밀레니얼 세대는 RPA가 추구하고자 하는 철학과 어울리는 세대라고 해도 과언이 아니다.

이상의 5가지 요인으로 RPA가 성장할 수밖에 없는 시대적, 사회적 배경을 이해해 보았다. 다시 정리해 보자면 RPA는 ① 세계적인 저성장 기조에서 효율적이며 ② 노동인구의 감소 분위기에서 대체 및 보조로서 역할을 할 수 있다. 그리고 RPA는 ③ 주 52시간 근무제의 도입으로 생산성을 유지하기 위해 필요하며 ④ 제4차 산업혁명으로 일컬어지는 인공지능, 소프트웨어, 하드웨어의 발달은 RPA가 실현될 수 있는 환경을 만들어 주었다. 마지막으로 ⑤ 밀레니얼 세대는 RPA를 잘 활용할 수 있는 특성을 가진, 주 업무 세대가 되어 RPA 확산에 일조하게 된다.

4

사무환경에서의 RPA

앞에서 RPA 이름이 유래한 배경을 살펴보고, RPA가 필연적으로 성숙할 수밖에 없는 시장의 트렌드 5가지를 살펴보았다. 이제 RPA의 정체에 대해 이야기해 보려고 한다. RPA는 사람이 PC 및 모바일 환경에서 수행하는 반복적이고 정형화된 업무를 정해진 워크플로우에 따라 자동으로 수행하는 소프트웨어이다.

여기 한 작업자를 예로 들어보자. 그는 해외 원자재의 시장가격 보고서 작성을 위해 매일, 출근 시간 이전인 아침 7시에 나와 보고서를 작성한다. 해외 원자재 체크를 위해서는 해외 관련 웹사이트 여러 곳에 접속해서 정보를 가져와야 한다. 즉, 각 사이트에 접속하고, 해당 자료를 검색하기 위해 조건을 입력하고, 찾아서 선택한 결과물을 다운로드 받는, 일련의 과

디지털 혁명, RPA의 습격

정들을 반복해야 한다,

정해진 시간 정해진 웹사이트에서 제공하는 정보이지만 매일 변경되는 정보이기 때문에 매일 같은 작업을 반복해야만 한다. 수집된 정보를 바탕으로 작성하는 보고서 또한 정해진 양식으로 매일 작성한다. 작성한 최종 보고서를 국내외 관계 직원들에게 발송하는 것으로 이른 아침부터 진행된 원자재 보고서 작성 업무는 마무리된다.

이렇게 규칙적으로 반복되는 수작업 업무를 RPA에 적용해 본다면 어떠한 이점을 얻을 수 있을까? 첫째, 근무시간 이외의 시간을 투입할 필요가 없어진다. 위 작업자는 아침 7시에 출근했어야 했는데 아침 9시가 정시 출근시간이라면 RPA는 2시간을 벌어줄 수 있다. 둘째, 해당 업무의 재편이 가능하고 보다 창의적이고 고난이도의 업무에 집중할 수 있게 된다. 상기 업무를 RPA에 적용하면 담당자는 그 외의 업무에 집중할 수 있게 된다. 셋째, 신체적 피로나 반복의 지루함으로 인해 발생할 수 있는 인적 오류를 줄일 수 있다. 아침 일찍 혹은 저녁 늦게, 그리고 주말에 이뤄지는 작업에서 발생할 수 있는 인적 오류를 방지할 수 있다. 마지막으로, 그 시간을 개인의 여가나 개발에 활용할 수 있다. 작업자는 이전에 비해 새롭게 얻은 2시간의 여유를 개인 시간에 투자함으로 자연스럽게 업무 만족도와 생산성 역시 향상될 것이다.

RPA

누구와 같이 하면 되는가

1

RPA 시장 성장세

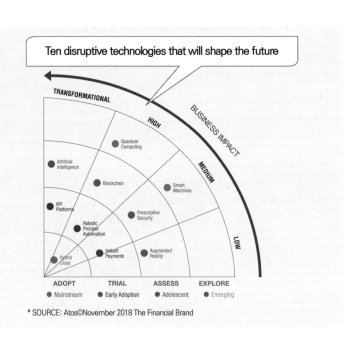

Ten disruptive technologies that will shape the future

* SOURCE: Atos©November 2018 The Financial Brand

디지털 혁명, RPA의 습격

디지털 트랜스포메이션 분야 글로벌 기업 Atos는 향후 5년간 예상되는 기술, 기술의 비즈니스 영향 및 통합시기에 대한 관점을 제공하는 매우 유용한 Global Banking Technology Radar를 발표했다.

당장 적용Trial해 볼 수 있는 솔루션으로서 RPA는 금융 서비스 전반에 걸쳐 은행 및 신용 조합이 다양한 정형 및 비정형 데이터를 활용하여 성장을 가속화하는 데 도움이 된다고 했다. 또한 관리 및 규제 프로세스 비용을 50% 이상 줄이면서 품질과 속도를 향상시킬 수 있는 솔루션에 RPA를 포함시켰다.

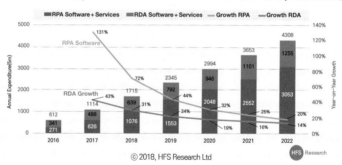

전체 RPA시장을 RPA와 RDARobotic Desktop Automation로 나누어 볼 수 있다. 유인Attended RPA라고도 불리는 RDA는 개인의 데스크탑에서 자동화를 시작하는 것이며 RPA와 연계된다. 2018년 전체 17억 달러를 현실화하였고, RPARobotic Process Automation 소프트웨어와 서비스를 합쳐 11억 달러, RDA 소프트웨어와 서비스를 합쳐 6억 달러였던 시장이 2022년 150% 성장하여 각각 RPA 30억 달러와 RDA 12억 달러로 총 43억 달러를 예상하고 있다.

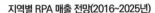

지역별 RPA 매출 전망(2016~2025년)

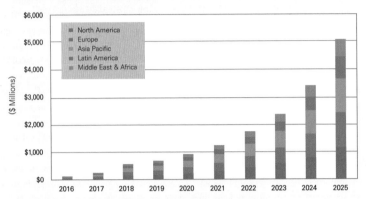

* 출처 : Tractica(2017.7.), Robotic Process Automation Market to Reach $5.1 Billion by 2025

    그랜드 뷰 리서치는 2017년 3억 5,750만 달러로 평가됐던 RPA 시장이 2024년까지 87억 5,000만 달러로, 연평균 31% 성장할 것이라 전망하였다. 한편, 트랙티카는 RPA 시장이 2025년까지 51억 달러로 성장할 것으로 전망하였고 가트너 리서치는 2022년에 24억 달러에 달할 것이며, 2022년 말에는 대기업의 80%가 RPA를 도입할 것이라고 전망하였다. PwC는 45%의 업무 활동이 자동화될 수 있으며 이를 통해 2조 달러의 노동비용이 절감될 것이라 주장했다. IBM은 기업 업무의 최대 63%를 자동화할 수 있을 것으로 예상했다. 이 보고서들이 공통적으로 주장하고 있는 것은 RPA 시장은 견실하게 성장 중이며, RPA는 앞으로 다양한 기술과 접목되어 인지기술 기반의 IPA(Intelligent Process Automation), 또는 RPA 3.0 등으로 불리며 기업 업무 혁신을 촉진할 것이라는 점이다.

                디지털 혁명, RPA의 습격

적용 분야별 글로벌 RPA 시장 점유율(2017, %)

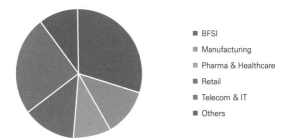

- ■ BFSI
- ■ Manufacturing
- ■ Pharma & Healthcare
- ■ Retail
- ■ Telecom & IT
- ■ Others

* 출처 : Grand View Research, 2017

　　2017년도 기준으로 산업별 RPA 적용사례를 보면 은행·금융·보험 Banking, Financial Services and Insurance, BFSI 산업의 적용 수준이 가장 높고, 그 다음이 통신·IT, 제조, 소매업, 의약 및 헬스케어 산업임을 알 수 있다.

2

한국 RPA 시장

한국 RPA 시장의 시작은 '조찬 미팅에서부터'라고 해도 과언이 아니다. 한국에서는 수많은 조찬 미팅이 이루어지고 있다. 오전 7시, 정장을 입은 많은 임원, 담당자들이 이른 아침부터 심각한 주제들을 듣고 논의하는 독특한 형태의 행사는 한국에서만 볼 수 있는 모습이다. 그 자리에선 매번 당시 시장의 가장 핫한 주제들을 발표하고 의논한다. 3년 전, RPA는 글로벌 컨설팅 업체들의 디지털 트랜스포메이션'을 위한 하나의 도구로 처음 소개되면서 한국에 등장했다. CEO들이 가장 주목한 메시지는 '인원 감축'과 '비용 절감'이었다. 전 세계가 점점 저성장의 기조로 가는 상황에서 IT에 투자하여 당장 눈에 보이는 비용 절감을 가져올 수 있고 더군다나 인원을 더 채용하지 않아도 된다는 핑크빛 메시지는 모두의 관심을 받았다. 이런 관심

디지털 혁명, RPA의 습격

에 더욱 불을 붙인 것은 정부의 '주 52시간 근무 규정'이었다. 한국 RPA 시장은 그렇게 시작되었다. 기업 측면에서 RPA가 가져다주는 이득에 대해 살펴보자.

첫째, 인력 활용의 극대화이다. 왜 '인력 감축'이라 하지 않고 '인력 활용'이라고 했을까. RPA가 실제로 도입되었을 때 인력을 줄인다는 것은 매우 민감한 문제이다. 그리고 우리나라에는 평균적으로 사무노동자가 이미 다수의 업무를 하고 있어 RPA는 그중의 몇 업무를 대신하게 될 것이다. 결론적으로 '인원은 줄지 않을 것'이지만, 인력 활용에 유연성을 가져올 수 있어 가벼운 업무에 고급 인력을 배치하는 것과 같은 효율성 낭비를 방지할 수 있게 될 것이다.

1960년대부터 본격적으로 산업용 로봇이 실용화되면서 많은 블루칼라 노동자들이 기계화 과정에서 일자리를 내어주고 고 난이도 업무나 타 업무로 전향하게 되었다. 덕분에 기업은 대량 생산이 가능하고 불량이 줄어드는 효과를 보았다. 노동자들은 당장은 일자리에서 밀려났으나 교육과 자격증을 통해 더욱 고급 인력이 되었고, 전체 경제가 발전함에 따라 다른 곳에서 일자리가 생기는 선순환이 일어났다.

노동자가 기계로 대체되면 다른 효과가 발생한다. 기계화에 따라 절감한 비용은 경제 전체로 환원된다. 기계화로 상품 가격이 떨어지면 구매력이 높아지고 다시 기업은 높은 수익을 내고 다른 상품 서비스를 만들기 쉬워진다. 남겨진 노동자에게는 높은 임금으로 환원하는 경제 효과가 발생하고, 이는 다시 수요를 자극하여, 다른 회사가 더 많은 노동자를 확보하는 흐름이 생긴다.
– MIT테크놀로지리뷰, 로버트 D. 앳킨슨 美정보기술혁신재단(ITIF) 회장(2013.09.10.)

사무 업무 환경은 어떻게 될까? RPA는 소프트웨어 로봇이라 불린다. 산업용 로봇이 블루칼라를 대체한 것처럼, 소프트웨어 로봇이 화이트칼라를 대체할 수 있을까? 답은 '그렇지 않다'이다. 사무 환경 프로세스는 사람의 인지 능력과 판단을 요하는 과정이 곳곳에 존재한다. 따라서 기업의 사무 환경 전체를 RPA로 대체하는 것은 불가능하며 그렇게 할 필요도 없다고 할 수 있다. RPA는 기계적이고 반복적으로 이루어지는 단순한 업무를 맡게 되고, 사람은 판단을 요하고 기획하는 업무에 더욱 집중할 수 있게 된다. RPA는 사람의 능력을 강화해 주고 보완해 줌으로써 조직의 인력 배치나 활용을 극대화할 수 있다.

둘째, 업무의 효율성을 기할 수 있다. 주 52시간 근무제가 공론화되면서 기업 입장에서는 물리적인 근무 시간이 줄어들어 업무의 효율화를 기할 수밖에 없게 되었다. 회의 시간을 줄이고 휴식 시간, 담배 피고 커피 마시는 시간도 측정하게 된 것이다. 이렇게 효율화는 불필요한 부분을 줄이는 것이 우선이지만 해야만 하는 업무에 대해서는 대안이 없었다. 처리량은 많지만 단순한 프로세스의 업무는 RPA가 인력을 대체할 수 있게 되었고 기존 인력들은 근무 시간 내에 다른 업무에 보다 집중할 수 있게 된다.

셋째, 운영비Operational Cost를 절감할 수 있다. 모든 투자의 원칙은 ROI Return On Investment이다. 그간 수없이 이루어진 IT 투자를 추진함에 있어 가장 큰 목표는 궁극적으로 비용의 절감이었다. 서버 가상화가 각광받을 수 있었던 것, 클라우드로의 전향이 거스를 수 없는 현재의 대세인 것, 이 모두가 기업 입장에서는 비용의 절감을 위한 선택이었다. 여기에 업무도 개선되고 빠른 의사결정을 통해 신상품 개발이 이루어진다면 기업 경쟁력이 오르게 되는 선순환이 이루어진다. RPA는 이 ROI, 업무의 개선, 두 마리 토끼를 다 잡기 위해 만들어졌고, 일정 부분 만족시켜주고 있다. 이것이 가능한 것은 2~3개월이란 짧은 기간에 상대적으로 적은 비용으로, 처리 시간의 절감, 근무자의 만족도 향상, 처리량의 증대를 이룰 수 있기 때문이다.

이렇듯 RPA는 작업자가 컴퓨터로 하는 업무의 대부분을 자동화할 수 있다. 자동화할 프로세스가 데스크톱에 있느냐, 서버 쪽에 있느냐에 따라 RPA의 적용이 다를 뿐이다.

3

RPA 주요 플레이어

1 — 컨설팅 서비스사

국내 컨설팅 시장 현황

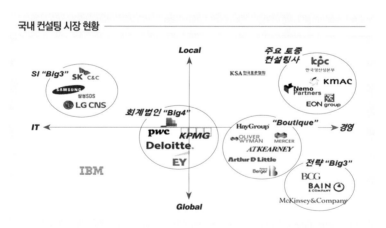

디지털 혁명, RPA의 습격

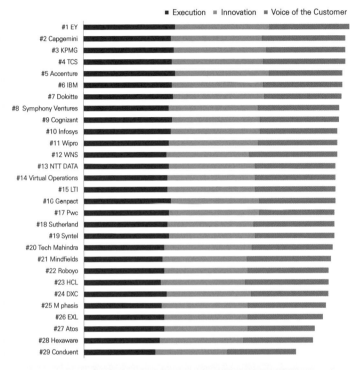

HFS TOP 10 RPA service providers 2018

■ Execution ■ Innovation ■ Voice of the Customer

#1 EY
#2 Capgemini
#3 KPMG
#4 TCS
#5 Accenture
#6 IBM
#7 Deloitte
#8 Symphony Ventures
#9 Cognizant
#10 Infosys
#11 Wipro
#12 WNS
#13 NTT DATA
#14 Virtual Operations
#15 LTI
#16 Genpact
#17 Pwc
#18 Sutherland
#19 Syntel
#20 Tech Mahindra
#21 Mindfields
#22 Roboyo
#23 HCL
#24 DXC
#25 M phasis
#26 EXL
#27 Atos
#28 Hexaware
#29 Conduent

https://www.hfsresearch.com/top-10-reports/hfs-top-10-rpa-service-providers-2018
* Source: HFS Research 2018

    HFS 리서치의 'HFS Top 10 RPA Service Providers 2018'을 참고하면 29개 공급 업체의 RPA 서비스 기능에 대한 종합적인 평가를 확인할 수 있다. 이 보고서는 서비스 실행 우수성, 혁신 및 비전 적용, 고객 만족도 등을 측정하여 순위를 매겼다. 상위 10개사는 EY, Capgemini, KPMG, TCS, Accenture, IBM, Deloitte, Symphony Ventures, Cognizant, Infosys이다.

RPA services value chain heatmap

No experience	1	2	3	4	Expert

	Accenture	Atos	Capgemini	Cognizant	Conduent	Deloitte	DXC	EXL	EY	Genpact	HCL	Hexaware	IBM	Infosys	KPMG
Plan	4	4	4	4	3	4	4	3	4	4	4	4	4	4	4
Implement	4	3	4	4	4	4	4	4	4	4	4	4	4	4	4
Manage	4	4	4	4	2	4	4	4	4	4	4	3	4	4	4
Operate	4	4	4	4	2	4	4	3	4	4	4	3	4	3	4
Optimize	4	4	4	4	4	3	4	2	4	4	3	3	4	4	4

	LTI	Mindfields	Mphasis	NTT DATA	PwC	Roboyo	Sutherland	Symphony	Syntel	TCS	Tech Mahindra	Virtual Ops	Wipro	WNS
Plan	4	4	4	4	4	4	4	4	4	4	3	4	4	4
Implement	4	4	4	4	4	4	4	4	4	4	4	4	4	4
Manage	4	3	4	4	4	4	4	4	4	4	3	4	3	4
Operate	3	3	3	4	4	4	4	4	4	4	2	4	2	3
Optimize	4	3	4	4	3	3	3	4	4	4	2	4	2	2

* Source: HFS Research 2018

Service provider depth of capability by RPA software

No experience	<10 engagement	10–25 engagement	>25 engagement

	Antworks	Automation Anywhere	Blue Prism	Contextor	Datamatics	Jidoka	Kofax	Kryon	NICE	PEGA	Redwood Software	Softomotive	Thoughtonomy	UiPath	WorkFusion	Internal RPA tool
Accenture																NA
Atos																NA
Capgemini																NA
Cognizant																HPA
Conduent																CAS
Deloitte																NA
DXC																NA
EXL																NA
EY																NA
Genpact																NA
HCL																NA
Hexaware																NA
IBM																NA
Infosys																AssistEdge
KPMG																NA
LTI																NA
Mindfields																NA
Mphasis																NA
NTT DATA																AFTE
PwC																NA
Roboyo																NA
Sutherland																SmartRPA
Symphony																NA
Syntel																SyntBots
TCS																NA
Tech Mahindra																Uno-R
Virtual Ops																NA
Wipro																NA
WNS																NA

* Source: HFS Research 2018

디지털 혁명, RPA의 습격

RPA 서비스 가치 사슬의 공급 업체는 심도 있는 실제 RPA 프로젝트 경험을 바탕으로 한다. 경험 수준의 척도는 ① 경험 없음 ② 10개 미만의 프로젝트 계약 ③ 10~25개의 프로젝트 계약 ④ 25개 이상의 계약을 한 전문가 수준으로 구분된다.

모든 서비스 제공 업체는 RPA 소프트웨어의 구축 서비스 기능을 수행했다. Automation Anywhere, Blue Prism, UiPath 3가지 RPA 소프트웨어 중심으로 RPA 서비스 기능을 구축했고 Pega, Nice, WorkFusion, Softomotive가 그 다음으로 많이 작업한 소프트웨어이다.

2 - SI

1) 삼성SDS

삼성SDS는 자체 개발한 인공지능AI 기능 업무자동화 솔루션 '브리티웍스Brity Works'를 활용해 사내 1만 7,000여 개 업무를 자동화했다. 삼성SDS 관계자는 "지난 6개월간 업무에 자동화 솔루션을 적용한 결과, 20만 시간을 절감할 수 있었다"고 설명했다.

삼성SDS는 물류 사업에 브리티웍스를 적용했다. 이를 통해 수십 명의 인력이 각 지역별 항공사·선사의 3만여 개 사이트에 매일 접속해 화물 위치 정보를 수집해 입력하던 단순 업무를 자동화했다. 또 시스템 관리 담당자가 '명령어 입력-결과 확인-메일 전송' 등 단순 반복하는 서버 점검 프로세스도 브리티웍스를 통해 자동화했다. 이 밖에 연 4,000여 건 이상 발생하는 구매 주문서의 발행 프로세스시스템 접속-계약번호 조회-정보 확인-결재를 자동화하는 등 전체 임직원 80%가 참여해 회사 전 업무 영역을 혁신하고 있다.

삼성SDS는 브리티웍스를 삼성전자, 삼성전기 등 그룹 계열사에도 적용했을 뿐만 아니라 국내 유통·금융·자동차 회사 등에도 관련 솔루션을 제공하는 등 사업을 확대 중에 있다.

특징   제조산업 경험을 바탕으로 자체 솔류션 개발, 국내 시장 공략
솔루션   브리티웍스(Brity Works)

2) LG CNS

LG CNS는 자체 개발한 RPA를 매출, 비용 정산작업, 송장 입력시스템, 인사 채용, 보험청구서 작성 분야 등에 이용토록 하고 있다. LG그룹의 제조 관련 계열사 등 9곳과 외부업체 2곳 등에 RPA 솔루션을 공급했다. 이를 통해 단순 비용 정산작업을 할 때 시간을 아낄 수 있게 되었다. 특히 기업 구매 파트에서는 송장인보이스을 보내는 시간을 절약할 수 있었다.

LG CNS는 기존 RPA 태스크포스TF를 RPA 플랫폼팀으로 승격 개설하고, 클라우드 기반 RPA 포털 서비스도 처음 선보였다. 재경이나 구매, 인사 관련 프로그램을 자신의 PC에 따로 설치할 필요 없이 담당자가 포털에 접속해 RPA를 실행하고 여러 사람이 작업한 내용을 바로 확인 및 업데이트 할 수 있게 된 것이다.

특징   1. 글로벌 솔루션 파트너인 동시에 국산 솔루션사에 지분 투자하면서 공공시장 공략
2. RPA 포털 집중
솔루션   UiPath, 시메이션(Checkmate)

3) 포스코 ICT

포스코 ICT는 2017년부터 자사와 그룹사의 재무·회계·노무 업무에 RPA를 구축해 운영 중이다. 이미 사업부서의 공과금 납부, 영수증 입력 등을 RPA가 처리하면서 관련 업무에 대한 소요 시간이 80% 이상 줄어들었다. 최근에는 자체 RPA 솔루션인 '에이웍스A.WORKS' 개발을 완료하고 유통·금융 분야로 진출할 계획을 갖고 있다. 2019년 8월 하나금융 산하 IT전문 관계사인 하나금융티아이와 공동사업 추진을 위한 업무협약을 체결한 바 있다.

특징 클로벌 솔루션 파트너였다가 자체 RPA 솔루션 개발 후 국내 그룹 SI와 연대하여 시장 공략

솔루션 에이웍스(A.Works)

4) SK(구, SK C&C)

SK C&C는 회사 및 계열사 인사업무 파트와 AIA생명, 부동산 플랫폼 다방 등에 RPA가 가능한 서비스를 공급 중이다. SK C&C가 개발한 '에이브릴 HR 포 리크루트'는 입사 지원자의 자기소개서를 검증하는 솔루션이다. 현재 SK C&C와 SK하이닉스가 쓰고 있다. 이 솔루션은 30명이 사흘 이상 검토했던 서류작업을 3~4시간 만에 끝낸다. AIA생명은 SK C&C의 도움으로 보험상품 불완전 판매 여부를 검증하는 데 활용하고 있다.

3 — RPA 솔루션 제조사

시장에는 수십 종의 국내외 RPA 제품이 공급되고 있고 지금도 만들어
지고 있다. 개발 철학에 따라 각 분야별로 강점이 있는 제품들이 있어 충분
한 검토만 거치면 좋은 솔루션을 택할 수 있다.

2018년 독립적 분석기관 rpa2ai는 가장 포괄적인 RPA 공급업체 목록
RPA50을 발표했다. 여기서 8가지 공급업체 범주를 구별하고 지침을 제공
하고 있다.

디지털 혁명, RPA의 습격

All 52 RPA Software Tools & Vendors of 2020: Sortable List

* Source: HfS

Robotic Process Automation (RPA) Products PEAK Matrix™ Assessment 2019

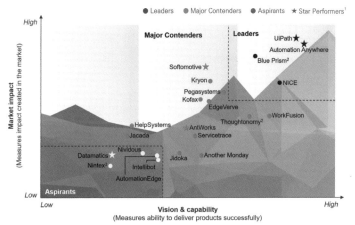

1 Star Performers are selected based on a relative comparison of vendors' performance along both the market impact and vision & capability dimensions between our previous and current PEAK Matrix™ assessment. Those vendors with the greatest year-over-year improvement are designated as Star Performers
2 Analysis for Blue Prism and Thoughtonomy is based on capabilities before Blue Prism announced its intent to acquire Thoughtonomy
3 Analysis for Nintex is based on Foxtrot RPA capabilities before the acquisition of EnableSoft by Nintex

RPA 누구와 같이 하면 되는가

- "2019 RPA Market Star Performers"에 따른 RPA 기술 공급 업체의 Everest Group은 AntWorks, Automation Anywhere, Datamatics, Softomotive, UiPath 5개 업체이다. 이는 PEAK MatrixTM에서 기술 공급 업체의 연간 활동을 기준으로 한 것이다.

- Automation Anywhere, Blue Prism, UiPath는 RPA 라이선스 수익 측면에서 최고 공급 업체이며 NICE가 그 뒤를 따른다.

- Softomotive는 시장에서 가장 많은 RPA 클라이언트를 보유하고 있으며 그 대부분은 중소기업이다. UiPath는 클라이언트 수가 전년 대비 약 300% 성장했으며 RPA 클라이언트 수에서 2위를 차지했다.

- Automation Anywhere는 최대 RPA 시장인 북미와 라틴 아메리카에서 선두를 달리고 있다. Blue Prism은 영국 및 MEA 시장을 주도하고 있으며, UiPath는 유럽 및 아시아 태평양 지역을 선도하고 있다.

- UiPath는 F&A, 조달, HR과 같은 업무 기능 전반에서 라이선스 수익으로 가장 높은 시장 점유율을 갖고 있으며, Blue Prism은 은행 및 보험 산업별 프로세스 영역을 주도하고 있다. Pegasystems는 컨택 센터 공간에서의 시장 점유율이 가장 높다.

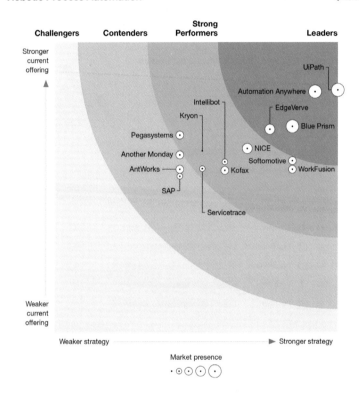

THE FORRESTER WAVE™
Robotic Process Automation

Q4 2019

| Challengers | Contenders | Strong Performers | Leaders |

Stronger current offering

Weaker current offering

Weaker strategy ──────────► Stronger strategy

Market presence

UiPath
Automation Anywhere
Intellibot
Kryon
EdgeVerve
Blue Prism
Pegasystems
NICE
Another Monday
Softomotive
WorkFusion
AntWorks
Kofax
SAP
Servicetrace

　2019년 4분기, RPA 제공 업체에 대한 25개 기준의 Forrester 평가에서 Automation Anywhere, Blue Prism, EdgeVerve, NICE, Softomotive, Pegasystems, UiPath을 포함한 15개 주요 공급 업체를 확인할 수 있다. 봇 개발/핵심 UI/데스크탑 기능, 애플리케이션 제어, RPA/AI 플랫폼 통합, 제품 로드맵 및 차별화, 혁신/시장 접근/자본 접근 등 다양한 기준의 분석을 통하여 리더와 후발주자들이 각축을 벌이고 있다.

G2.com에서는 사용자의 리뷰를 기준으로 솔루션을 평가해 주는 서비스를 제공하고 있어 참고해 볼 만하다.

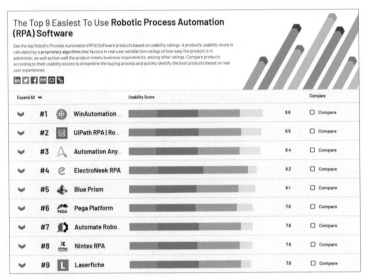

https://www.g2.com/categories/robotic-process-automation-rpa?tab=easiest_to_use

G2의 실시간 및 편견 없는 사용자 리뷰를 통해 비즈니스에 가장 적합한 RPA 솔루션을 객관적으로 평가할 수 있다. 관리 용이성, 사용 용이성, 요구사항 충족 여부 등을 평가하였다. 가장 사용하기 쉬운 RPA순은 Softomotive Winauomation, UiPath, Automation Anywhere, Blue Prism이다.

Best Robotic Process Automation(RPA) Softoware ─────────

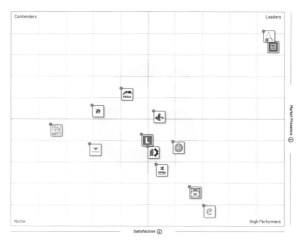

https://www.g2.com/categories/robotic-process-automation-rpa#grid

1) RPA 글로벌기업

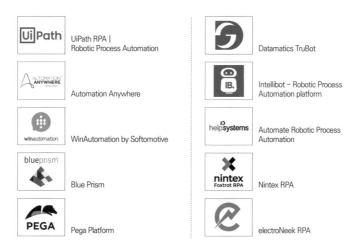

UiPath RPA | Robotic Process Automation	Datamatics TruBot
Automation Anywhere	Intellibot – Robotic Process Automation platform
WinAutomation by Softomotive	Automate Robotic Process Automation
Blue Prism	Nintex RPA
Pega Platform	electroNeek RPA

● ― UiPath

유아이패스는 2005년 루마니아 부카레스트의 작은 마을에서 Desk-Over로 시작하여 2015년 유아이패스로 거듭났다. 2013년 데스크톱 자동화RDA 제품을 출시하고, 2015년에는 현재의 엔터프라이즈 자동화RPA 플랫폼을 도입하였다. 2018년 2월에는 한국지사를 설립하면서 본격적으로 국내 시장에 진출했다.

유아이패스 RPA 플랫폼은 크게 3가지로 코드와 스크립트 없이 시각적으로 모델링할 수 있는 '스튜디오Studio', 스튜디오에서 개발한 워크플로우를 자동적으로 실행하는 '로봇Robot', 마지막으로 다수의 로봇을 원격으로 제어하고 스케줄링하는 '오케스트레이터Orchestrator'로 구성된다. 알고리즘 기반의 높은 UI 편의성과 3rd Party 어플리케이션과 통합할 수 있는 커넥터를 제공함으로써 확장성 또한 유연하다.

최근에는 RPA와 인공지능을 결합한 '인공지능 패브릭 비전'을 내놓았으며, 60개가 넘는 인공지능업체와 협업하면서 문서 이해 인공지능, 자연어 이해 인공지능 기능을 제공하고 있다.

유아이패스 RPA 플랫폼은 현재 금융 및 유통 등 다양한 업종에서 구축되었으며, LG와 하나금융 등 국내 7개 대기업 그룹에서 RPA 표준 플랫폼으로 채택되었다.

특징
- 가상 단말기나 클라우드 환경에서 불러올 수 있는 기능
- 웹 및 데스크톱 어플리케이션을 포함하여 넓은 범위의 어플리케이션 지원을 제공
- 소프트웨어 실행을 위한 자동 로그인 기능
- Net, Java, Flash, PDF, Legacy, SAP 등과의 연계 기능

디지털 혁명, RPA의 습격

- 2019년 기준, 가장 많이 사용되고 있으며 Flow chart tree 구성
- 2018 한국지사 설립
  • https://www.uipath.com/ko/blog/uipath-forum-opened-for-korean-language

● ─ Automation Anywhere

오토메이션애니웨어는 미국 캘리포니아에 본사를 둔 RPA 기업으로 2003년부터 현재까지 15년 이상 지속적으로 RPA 연구개발에 힘을 쏟고 있다. 2018년 8월 오토메이션애니웨어 한국지사를 설립하였고, 국내에서는 삼성전자, 신한은행, KT 등 제조·금융·통신 분야의 대기업 및 중견기업을 고객사로 두고 있다.

오토메이션애니웨어 RPA는 엔터프라이즈 RPA 플랫폼과 문서 이해가 가능한 아이큐 봇IQ Bot, 봇에 내장된 예측 분석인 봇 인사이트Bot Insight, 봇 스토어Bot Store 서비스를 제공하고 있다. 그중 엔터프라이즈 RPA 플랫폼은 여느 RPA와 마찬가지로 봇을 관리하는 매니저 성격의 컨트롤 룸Control Room, 스크립트를 개발하는 봇 크리에이터Bot Creator, 개발된 스크립트를 통해 자동적으로 업무를 수행하는 봇 러너Bot Runner로 구성되어 있다.

가장 특징적인 요소는 아이큐 봇이다. RPA용 인공지능 솔루션으로 플랫폼 안에서 내장된 인공지능 기능을 개별 프로세스에 맞게 붙일 수 있는 것이 강점이다. 최신 버전인 아이큐 봇 6.5는 영어, 프랑스어, 일본어, 한국어, 스페인어, 중국어 번체 및 간체를 지원하는 인터페이스를 통해 190개 언어로 문서 처리가 가능하다.

이와 동시에 최근에는 '엔터프라이즈 A2019'라는 인공지능 기반 RPA 플랫폼을 시장에 내놓았다. 서비스형 RPARPA-as-a-Service로서 온프레미스

환경뿐만 아니라 퍼블릭, 프라이빗, 하이브리드 환경에서 사용이 가능하다. 여기에는 컴퓨터 비전 이외에 자연어 처리와 예측 모델링 등 서드파티 3rd Party 인공지능 솔루션과 손쉽게 통합할 수 있다는 이점을 지녔다. 또한 오토메이션애니웨어 RPA 도구는 전통 RPA와 지적 요소언어 이해 및 비정형 데이터 판독을 결합하는 기능을 가지고 있다.

특징
- 비즈니스 및 IT 운영을 위한 지능형 자동화
- SMART 자동화 기술 사용
- 복잡한 업무를 신속하게 자동화
- 여러 컴퓨터에서 사용 가능
- 복잡한 스크립트 없이 자동화를 제공
- 엑셀 프로그램 관련으로 강점, 개발자 친화적, 상대적으로 무거운 프로그램
- 2018 한국지사 설립
  • https://apeople.automationanywhere.com/s/?language=en_US

● ― Blueprism

블루프리즘 RPA 도구는 규칙 기반의 수동적이고 반복적인 업무를 자동화함으로써 업무 프로세스 비용을 절감시키고 탄력적으로 바꾼다. 이 도구는 드래그 앤 드롭과 같은 플로우차트 기능을 제공함으로써 다양한 업무 프로세스를 자동화한다.

특징
- 4~6주 단시간 내에 손쉽게 구현
- 다양한 기능의 분석 세트
- 프로그래밍 기술이 필요하지 않은 접근성

- 효율적이고 자동화된 엔드-투-엔드 비즈니스 프로세스
- 실시간으로 피드백이 가능한 관제실
- 다이어그램 방식으로, 다른 회사에 비해 상대적으로 오래된 회사 설립연도
- Back office 업무 분야에 포커스화

● ― Softomotive

소프토모티브는 2005년 그리스에서 설립된 RPA 전문기업으로 영국 런던에 본사를 두고 있다. 2008년 윈오토메이션WinAutomation이라는 RDA 제품을 출시하였고, 2016년 엔터프라이즈 RPA 플랫폼인 프로세스로봇 ProcessRobot을 내놓으면서 본격적으로 RPA 시장에 뛰어들었다. 소프토모티브 한국지사는 2019년 4월에 설립되었으며, 경쟁업체에 비해 뒤늦게 출발했지만 국내 RPA 시장을 빠르게 추격하고 있다.

소프토모티브는 윈오토메이션으로 이미 2년 전부터 국내 RDA 제품으로서는 유일하게 고객사로부터 호응을 받았다. KB금융그룹이 RPA를 도입하는 시점에 윈오토메이션을 채택하여 KB금융그룹 계열사의 내부 직원 업무 보조용으로 수행하였으며, RPA 경진대회를 개최하여 RPA 역량을 향상하는 데 매우 긍정적인 역할을 보여 왔다. 소프토모티브의 가장 큰 경쟁력은 가격 우위와 쉬운 개발 환경이다. 윈오토메이션의 가격 경쟁력을 통해 향후 프로세스 로봇과의 호환을 바탕으로 RPA 구축과 선제적 역량 향상을 도모할 수 있는 측면이 매력적이다.

소프토모티브 RPA 도구는 기업 조직이 비용을 절감하고 효율성과 생산성을 높이며, 성능을 가속화하도록 돕는다. 현재 소프토모티브 RPA 제품에는 소규모 응용 프로그램에 신속하게 배포할 수 있는 윈오토메이션과 중앙 집중식 로봇 관리 및 제어, 고급 분석, ROI 대시 보드, 확장성, 강화된

보안 및 인공지능AI과 같은 기능을 갖춘 엔터프라이즈급 RPA 플랫폼인 프로세스로봇을 제공한다.

소프토모티브는 북미40~45%, 유럽 연합 및 영국30~35%, 아시아 태평양 25%을 포함하여 지역별, 지리적으로 균형을 유지한 9,000개 이상의 고객사를 보유하고 있다.

소프토모티브는 여러 업종에 걸쳐 고객을 보유하고 있지만 그중에서도 은행, 금융 서비스, 보험BFSI, 첨단 기술 및 컨설팅을 포함한 업종에서 강력한 성과를 거두고 있다.(2020년 초 Microsoft에 인수되었다.)

특징
- 적은 자원으로 성능을 최대화
- 반복적인 수동 작업의 자동화를 통한 관리비용 절감
- 더 적은 시간에 더 많은 업무가 가능
- 더 많은 것을 성취하도록 돕고 숙련된 직원들을 자유롭게 만들어줌
- 2019 한국지사 설립

주요 강점
- 다양한 규모의 기업의 요구 사항을 지원하기 위해 유인, 무인, 자율 사용 사례에 대한 RPA 응용 프로그램을 지원
- 기술 플랫폼의 정교함, 응용 프로그램 다양성, 확장성, 경쟁력 있는 차별화 및 전략, 입증된 실적, 배포의 용이성 및 사용 용이성을 포함하여 다양한 기술 우수성 및 고객 영향에 대해 전반적으로 높은 평가를 받음
- 소규모로 시작하고, 빠르게 배우고, 확장할 수 있도록 함으로써 RPA 여정 전반에 걸쳐 조직을 지원
- Quadrant의 분석에 따르면 소프토모티브는 고급 기술 가치 제안, 빠른 ROI, 경쟁력 있는 가격 전략 및 다양한 시장 부문에 대한 경쟁 차별화 전략을 제공하여 중견 기업에서 대기업 조직까지 고객 유치 가능
- 기술 비전 및 로드맵은 AI 및 인지 기능 개선, 딥 러닝 및 고급 엔터프라이즈급 기능을 포함한 전체 업계 동향 및 개발과 일치

• — NICE

NICE는 클라우드와 사내 소프트웨어 기반 솔루션이다. NICE RPA 도구는 정형 데이터와 비정형 데이터[2]의 고급 분석에 기초해, 확실하고 정확한 결정을 내리도록 돕는다.

특징
- 고객 만족도 증가
- 생산성 향상
- 더 나은 자원 활용
- 고부가가치활동에 집중할 수 있도록 허용

• — Pega System

Pega System 자동화 도구는 모든 가능한 시나리오를 지원한다. Pega System은 BPM 및 CRM[3]에 강점이 있다.

특징
- 기존 서비스에 빠르게 연결되는 개방형 API
- 동작되는 지능은 최적화할 프로세스를 자동으로 찾도록 도움
- 수시로 학습하는 적응형 지능
- 데스크톱에 대한 통찰력
- 업무 처리 과정에 대한 대한 세부사항 학습

• — WorkFusion

WorkFusion은 대중 컴퓨터 플랫폼이다. 이 RPA 소프트웨어는 데이터의 공급을 자동화하며, 클라우드 기반으로 다양한 고객을 분석하는 인력에게 도움을 준다.

특징

– 버튼만 누르면 업무 자동화가 시작됨

– 규모에 따라 로봇 배치 가능

– 여러 작업환경에서 사용이 용이

– 팀 전체를 자동화

● — Kryon

Kryon은 이스라엘에서 설립된 회사로 기존 프로세스를 식별하는 Process Discovery가 강점이다.

특징

– 시간 및 비용 절감을 위해 자동화해야 하는 모든 프로세스를 식별

– 더 빠른 속도, 정확성, 효율성으로 그들의 임무를 완수할 수 있는 권한을 부여

– 반복적이고 시간이 많이 소요되는 모든 비즈니스 프로세스를 자동화할 수 있도록 지원

– 비즈니스 프로세스의 모든 단계에서 생산성 향상

● — Contextor

Contextor는 RPA을 통해 두 개 이상의 어플리케이션 간에 완벽한 고객 관찰, 온라인 도움말 및 데이터 공유를 제공한다.(2018년 SAP에 인수되었다.)

특징

– 실시간 업무 자동화

– 작업의 적절한 순서 보장

– 상황별 데이터 수집 및 유지

– 상황별 도움 제공

– 워크스테이션에 실행된 프로세스 감시 가능

디지털 혁명, RPA의 습격

● ― Kofax

Kofax Kapow RPA 자동화는 데이터소스나 어플리케이션으로부터 정보를 획득, 전달하는 데 강점이 있다. 여기에는 웹사이트, 포털, 데스크톱 어플리케이션 및 코딩이 없는 엔터프라이즈 시스템도 포함된다.

특징
- 데이터 수집 및 입력 자동화를 통해 오류 제거에 도움
- 지능형 소프트웨어 로봇으로 운영 효율성 제고
- 인공지능으로 프로세스 모니터링 및 최적화
- 중앙 집중 서버에서 로봇을 배치하고 관리하며 실행
- 프로세스 지능 및 분석 프로그램 내장

● ― AntWorks

AntWorks는 글로벌 인공지능AI 및 지능형 자동화 회사이다. 디지털화, 자동화 및 엔터프라이즈 인텔리전스를 통해 데이터로 새로운 가능성을 창출한다. ANTstein은 모든 데이터 유형을 이해하는 세계 유일의 플랫폼으로서 다양한 산업 분야에 대한 모든 정보를 디지털화한다.

특징
- 비정형데이터 지원
- ANTstein은 코드가 적거나 코드가 없는 환경에서 사람과 같은 봇을 만들어 복잡한 프로세스를 자동화하는 새로운 방법을 혁신
- 독립적으로 자동화하고 학습하는 통합된 지능형 기술 스택을 통해 정확한 통찰력으로 기업을 강화
- ANTstein은 프랙탈 과학 원리와 패턴 인식을 기반으로 하는 최초이자 단일한 Enterprise Intelligent Automation 플랫폼

● ― Microsoft Power Automate

파워 플랫폼 제품군의 하나. 2020년 Softomotive 인수로 본격적으로 RPA시장에 진입했다. Low-code Application을 강조하여 누구나 개발자의 세계에 접근하도록 지원하고자 한다.

특징
- 광범위한 Microsoft 개발자 커뮤니티 연동
- Power BI, Power Apps 연동
- 저렴한 사용료
- 개발자 대상의 Low-Code
- Azure 연동

2) RPA 국내기업

● ― 그리드원

그리드원은 2005년 테스트 자동화PerfOne, WatchOne, TestOne 시스템 기업으로 시작하여 2017년 오토메이트원AutomateOne을 출시하여 국산 제품으로는 최초로 RPA 솔루션을 선보였다. 국내 RPA 시장에서 점유율 1위를 차지하고 있는 리딩 기업으로서 2018년 3월 지능형 문자인식 기술을 탑재한 인공지능 '인스펙터원InspectorOne'을 추가로 시장에 출시함으로써 차세대 RPA 모델인 인공지능 기반 RPA 경쟁에 지속적으로 대응하고 있다.

그리드원이 제공하는 RPA 플랫폼 오토메이트원은 업무 수행 절차를 작성하고 검증하는 '아이비즈봇 트레이너ibizbot Trainer', 직접 업무를 수행하고 결과를 전송하는 '아이비즈봇ibizbot', 업무 지시 및 실시간 모니터링을 수행하는 '아이비즈봇 매니저ibizbot Manager'로 이루어져 있다. 오토메이트원의 강점으로는 Active-X, Captcha 등 비표준 GUI[4] 환경에 구현 가능하고, OCR[5] 기능이 내장되어 있어 기본적인 문서 인식이 가능하며, 외산 제품과 다르게 연간 및 영구 라이선스를 모두 제공한다는 점이다.

더불어 인공지능 기반의 인스펙터원은 지능형 문자인식 학습 알고리즘을 탑재한 솔루션으로서 비정형 문서에서 설정된 항목을 정확히 추출하여 해당 시스템에 등록 가능한 기능을 갖추고 있다.

그리드원은 국내 최초 RPA 제품이며, 다량의 고객사를 보유하고 있고, 인스펙터원이라는 인공지능 기술을 바탕으로 AI OCR 기능에 강점을 내세우고 있다. 객체 인식 방식과 이미지 인식 방식이 동시에 구현되어 인식 제한 시 상호 교차로 적용될 수 있다. Auto-scripting 방식으로 플로우 차트도 동시에 자동 생성된다.

● — 시메이션

시메이션은 2015년에 설립된 IT 품질 및 로봇 프로세스 자동화 기업으로 테스트 자동화 기술을 바탕으로 RPA 분야에서는 체크메이트 RDA와 RPA 제품을 출시하여 시장에서 두각을 나타내고 있다. 최근에는 LG CNS가 반기보고서에서 시메이션의 일부 지분을 매입하는 동시에 총판권을 확보하는 계약을 체결했다고 공시했다.

시메이션의 체크메이트 RPA는 경쟁사 RPA와 동일하게 3개의 봇으로 구성된다. RPA 스크립트를 작성하는 '태스크 빌더Task Builder', 업무 자동화를 수행하는 봇인 '플레이어Player', 실시간 모니터링을 담당하는 '컨트롤 매니저Control Manager'로 구성되어 있다. 체크메이트 RPA의 강점 중 하나는 '버츄얼 봇Virtual Bot'이라 불리는 기능이다. 기존 RPA는 GUI 기반에서 스케줄링을 통해 순차적으로 업무를 수행하는 반면, 이 봇은 UI 기반이 아닌 백그

라운드에서 병렬 처리가 가능하도록 설계된 기능이다. 동시에 여러 업무를 함께 처리할 수 있기 때문에 봇의 업무처리 시간이 그만큼 단축될 수 있다.

최근에는 인공지능 기반 RPA 기능으로써 솔트룩스社의 아담 어시스턴트와 결합한 '챗봇 연계 RPA'를 새롭게 내놓았다. 이벤트와 코드의 조합을 할 수 있으며, 플로우차트와 리스트 형태의 스크립트를 혼재하여 사용 가능하다.

● ─ **인지소프트**

인지소프트는 1999년 (주)이니트로 출범하여 2001년 인지소프트로 상호를 변경한 이후 광학 문자 인식OCR 솔루션을 통한 이미지 시스템 분야에 강점을 가진 기업이다. 2012년, 코스닥 상장기업 모바일리더가 인수했다. 인지소프트의 RPA는 유안타증권, 광주은행 등의 RPA 프로젝트를 수행하였고 2019년에는 전북은행에 RPA를 공급하는 등 빠르게 성장하고 있다.

인지소프트가 개발한 아이오토iAuto RPA는 스크립트 업무 작성용 봇인 '아이오토 스튜디오iAuto Studio'와 업무 자동화 수행용 봇 '아이오토 로봇iAuto Robot', 프로세스를 관리하고 제어하는 '아이오토 매니저iAuto Manager'로 이루어지며, 추가적으로 서버 OCR과 연동시킨 '아이오토 서버iAuto Server'를 통해 머신러닝 기반의 광학 문자 인식을 수행한다는 점이 강점으로 꼽힌다.

인지소프트는 은행들의 영업점 업무 프로세스 혁신 프로젝트를 수행해 낸 기술력을 바탕으로 RPA를 개발하였다. 따라서 금융회사들이 사용하고 있는 각종 문서 인식 기술과 관련 양식 등 데이터를 풍부하게 확보하고 있다.

디지털 혁명, RPA의 습격

RPA

누가 어떻게 적용했나

1

RPA 글로벌 구축사례

• — **토요타**

"사무직의 불필요한 업무를 줄일 차례"

토요타는 자동차 회사에서 모빌리티 회사로의 변화를 비전으로 내세우고 있다. 토요타는 이미 TPS'로 공장 생산 과정의 최적화라는 목표를 충분히 이뤘다고 판단하고, 사무직으로 눈을 돌렸다. 사무직에서 불필요한 업무를 없애고 최적화하기 위해 RPA를 선택한 것이다.

토요타의 RPA는 모든 본부 부서가 참여를 하고 있고, 본부별로 도입을 진행했다. 먼저 '업무 단축 시간'을 KPI로 정하지 않는다는 점을 강조했다. 그리고 RPA 도입 시점에 현업에서 1,000여 개 과제를 발굴했으나 바로 개발에 들어간 것이 아니라 3개월간의 기간을 두고, 거버넌스를 수립하

디지털 혁명, RPA의 습격

고 이들을 필터링을 한 후에 개발에 착수하는 신중함을 보였다. 기업 자체에서 RPA를 내재화할 수 있는 프로젝트를 추진하며 직원들이 직접 자동화 과제를 발굴해 업무 생산성을 높였다.

토요타자동차그룹은 2년 전 '가치 있는 일과 업무에 인력을 투입하자'는 기조 아래 RPA 도입을 시작했다. 일본 내 주요 금융사만 도입하던 RPA를 제조 분야로 확대한 대표 사례이다. 토요타자동차그룹 본사의 총 200여 부서 가운데 50개 부서가 RPA를 사용하고 있다. 도입 부서 가운데 78%가 만족감을 나타냈다. 토요타자동차그룹 관계자는 "(RPA 도입은) 아직 걸음마 단계 수준으로 올해부터 본격 점프업 단계에 들어간다"면서 "지금까지 만든 RPA 수준을 재검토하고 교육 커리큘럼 등을 마련해 사내 인식 확산과 품질 향상에 주력할 것"이라고 말했다.전자신문, 2019.01.30.

●― 제이피모건

COO 매트 제임스Matt Zames에 따르면, 제이피모건은 RPA CoE[2]에서 지속적으로 로봇자동화를 추진해왔으며 2017년 기준 RPA가 약 170만 개의 요청을 처리한 것으로 추정된다. 바텀업 접근전략을 사용한 것으로 유명하며 Softomotive winAutomation RDARobotic Desktop Automation를 1,761여 개 사용하고 있다. 2018년에는 RPA 적용 및 기타 운영 효율화 활동을 통한 비용 절감이 약 3,000억 달러에 달한 것으로 예상된다.메타넷, 2018.01.24.

●― 아메리칸 익스프레스

아메리칸 익스프레스 글로벌 비즈니스 트래블은 항공권 취소 및 환불 프로세스 자동화에 RPA를 사용하고 있다. 이곳의 최고 정보관리 책임자인 데이빗 톰슨은 "직원들의 업무 수행 방식을 RPA에 맞춰 훈련시키고 있다"

며 "이 같은 방식을 통해 갈수록 더 많은 것들을 자동화할 수 있을 것"이라 말했다.IT World, 2018.05.30.

● ─ 도이치텔레콤

도이치텔레콤은 2014년부터 RPA 투자를 통해 약 800명의 정규 직원과 맞먹는 비용 절감을 실현했다. 도이치텔레콤은 RPA 소프트웨어를 사용하여 엑셀에서 차트를 만들고 파워포인트에서 관리 보고서를 생성하는 것과 같은, 이전에는 사람의 개입이 필요했던 간단한 IT 프로세스를 자동화했다.

중부 및 동부 유럽 전역에 네트워크를 운영하는 서비스 제공 업체는 2014년 직원 수가 약 22만 8,000명에서 작년 약 22만 1,000명으로 줄어들었다.

RPA 이니셔티브는 Detecon International이라는 컨설팅 그룹이 주도한 것으로 보이며 도이치텔레콤의 T-Systems International GmbH IT 비즈니스의 일부를 구성한다. Detecon에 따르면 매년 1,000개 이상의 로봇이 최대 3,000만 건의 "트랜잭션"을 지원하는 데 사용된다고 한다. 트랜잭션의 예로 로봇이 엑셀 파일이 포함된 이메일을 수신하고, 자동으로 데이터를 SAP 응용 프로그램으로 가져온다.

Detecon의 경영 컨설턴트인 미하일 거크Michael Gerke는 런던에서 열린 Managed Services World Congress에서 "약 800명의 FTE를 절약할 수 있다"고 말했다. FTEFull Time Employee는 정규직 직원의 업무량을 나타내는 용어이다.

Gerke는 자동화 절감 효과를 "강력한"것으로 설명했으며 Detecon에 따르면 관리자는 RPA 도구를 도입한 후 1년 이내에 투자 수익을 기대할 수 있다고 말했다.Iain Morris, Light Reading 뉴스 편집자, 2017.09.21.

디지털 혁명, RPA의 습격

● ─ 제록스 유럽

제록스의 유럽 재무부서는 백 오피스 인보이스, 직불 결제 및 회사 간 회계 프로세스의 50~60%에 달하는 RPA 자동화를 달성하여 작업자가 더 많은 분석을 수행하고 내부 고객과 더 긴밀하게 작업할 수 있도록 했다. 또한 제록스는 추가 비용을 들이지 않고도 SOX[3] 준수와 관련된 재무관리를 개선할 수 있었다.

● ─ AT&T

AT&T의 소프트웨어 로봇은 고객 서비스에서 재무에 이르는 다양한 분야의 직원들을 위해 일상적이고 반복적인 작업을 수행했다. AT&T의 최고 데이터 책임자인 스티브 스틴Steve Stine은 2016년 중반에 약 200개에서 1,000개 이상의 소프트웨어 로봇을 조직 전체에 배치했다고 밝혔다. 로봇은 고객을 위한 기술자의 장비 활성화 지원부터 서비스 주문 및 고객 서비스 보고서를 위한 데이터 집계에 이르기까지 다양한 작업을 수행한다.CIO JOURNAL, 2018.02.05.

● ─ 싱텔

싱가포르 통신사 싱텔Singtel은 디지털 트랜스포메이션 전략의 하나로 RPA를 추진했다. 통신망을 관찰하거나 장애 보고, 인터넷 쇼핑, TV 등을 모니터링하는 핵심 업무에 200개 이상의 로봇이 투입되고 있다. 또한, 900여 개 내부 업무 역시 RPA로 처리하며 로봇이 사람과 더불어 조직의 일부로 자리하고 있다. 콴 문 위엔Kuan Moon Yuen 싱텔 싱가포르 고객 담당 부문 최고경영자CEO 겸 최고디지털책임자CDO는 지난 10월 링크드인을 통해 "싱텔 조직은 이제 인간과 디지털 직원으로 구성된다. 디지털 직원(또는 봇)은 조직도에 포함돼 복지 및 유지관리를 담당하는 인간 관리자에게 보고하도록 돼 있다"라면서 "우리는 모든 싱텔 직원들이 해야 할 반복적이고 평범한 업무를 자동화하기 위해 디지털 직원이 개인 비서로 일할 수 있는 미래를 향해 노력하고 있다"고 밝혔다.바이라인네트워크, 2019.01.02.

● ─ **월마트 · 버진트레인**

　대형 마트인 월마트는 HR에 RPA를 도입해 직원들의 질문에 대한 답변과 문서 작성, 검색 등에 500여 개의 로봇을 도입했다. 여행 예약 회사 버진트레인은 티켓 취소와 환불 등에 RPA를 도입해 수작업을 85%까지 감소시켜 사람의 실수를 줄였다.현대오토에버, 2019.08.27.

2

RPA 국내 구축사례

● ― ING생명

ING생명은 2018년 3월부터 RPA 시스템을 본격 도입해 업무 처리 효율성과 정확도를 크게 향상시켰다. ING생명은 신계약 데이터 산출, 값 검증, 고객 관리, 보험 상품 관리, 보장 내용 관리, 사후 관리 등 총 33개 프로세스에 RPA를 시범 적용했다. 이후 RPA를 업무에 본격적으로 도입하여, 전체 업무 처리 속도가 평균 51% 향상되는 등 큰 효과를 거둔 것으로 밝혀졌다.

특히 '수수료 검증을 위한 기초 데이터 산출 업무'는 처리 시간이 기존 12시간 이상에서 4시간으로 대폭 줄어들었고 '계약 유지율 분석을 위한 기초 데이터 산출 업무'는 90분에서 30분으로 크게 단축됐다.디지털타임스, 2018.03.15.

● ─ KT

KT는 기업의 경비 처리를 더 쉽고 빠르게 처리할 수 있는 챗봇 기반의 '전표를 대신 처리하는 전표 로봇전대리' 솔루션을 자체 개발, 사내에 적용했다. '전대리'는 챗봇 기반의 RPA 프로그램으로, 자주 처리하는 전표 이력을 추천하고, 시스템에 접속하지 않아도 메신저 채팅을 통해 몇 번의 클릭만으로 전표에 필요한 계정, 적요 등을 선택해 모든 전표 처리 업무를 할 수 있도록 만든 솔루션이다. 그동안 경비 처리를 위해서는 전표가 발생할 때마다 사용자가 시스템에 직접 접속해 처리해야 했다. 또한 시스템 내에서 전표 처리에 필요한 계정, 적요 등을 모두 수작업으로 입력해야만 전표 처리가 가능해 업무 처리 시간이 오래 걸렸다. KT는 '전대리'를 적용하여 기존 대비 최대 90% 이상의 업무 효율성을 향상시킬 수 있을 것으로 기대하고 있다. 또한 현장 근무 등으로 PC 접속이 어려운 영업 직원을 위한 '전대리' 모바일 버전도 출시 예정이다. KT는 '전대리' 외에도 '자료 추출을 대신하는 자료제공 로봇추대리'을 출시한다. '추대리' 역시 챗봇 기반으로 전사적 자원 관리ERP 경영 자료를 받아볼 수 있어 쉽고 편리한 업무 처리 환경을 제공할 예정이다. KT는 9-to-6 업무 문화 조기 정착을 위해 근로 시간 총량제 관리 솔루션 'Easy 9ood jo6'을 구축한 데 이어 전표 처리를 자동화하는 '전대리'를 사내 업무에 적용해 9-to-6 업무 문화를 적극적으로 지원하고 있다. 데이터넷, 2018.08.14.

● ─ KB증권

KB증권은 지난 2017년 말부터 프로그래밍을 이용한 RPA를 도입하기 시작해, 현재까지 100여 개 업무에 적용, 연간 업무 시간 기준으로 약 2만 시간을 절감했다고 밝혔다. 일례로 IB부문 채권 발행·인수 업무DCM 담당

부서는 법규상 공시서류별로 동일하게 기재해야 하는 내용을 과거에는 직원이 목차별로 일일이 작성해야 했으나 현재는 RPA로 자동화하여 공시서류 1건당 약 20~30분에 달하는 업무시간을 절감했다. 또한, 최근 개설한 리서치센터 홈페이지에는 업종별 데이터 취합/정리, 데이터베이스 저장, 리포트 게시 등의 과정에 RPA가 적용되고 있다. 국내외의 방대한 투자 정보를 바탕으로 데이터를 정리하고 게시해야 하는 단순 반복 수작업 업무를 현재 RPA가 다수 담당하고 있다.

서버급 RPA는 전사적으로 다수 직원이 하는 단순 반복 업무를 서버를 통해 처리하는 것이다. 현재 직원 개별 PC에 적용된 RPA를 서버급으로 격상하면 보다 많은 직원의 효율적 업무 수행을 지원할 수 있을 것으로 본다. 또한 AI를 통한 문서 학습 및 챗봇 연계 등도 추진하고 있어 향후 단순 업무 자동화 규모와 기술 측면에서 의미 있는 레벨 업을 기대할 수 있게 되었다.

직원들의 자발적 참여도 이뤄졌다. 2017년 말 직원들의 소규모 스터디 그룹으로 출발한 RPA 사내 전문가 그룹RPA CoE, Center of Excellence은 2018년에 약 30여 건의 업무를 직접 제안 및 적용해 현업 RPA 전문가 양성의 초석이 됐다. 지난 4월부터는 보다 많은 직원들에게 참여 기회를 제공하기 위해 'RPA IDEA 업무적용 경진대회'도 진행하고 있다. 전문 개발자가 아닌 25명의 현업 부서 실무자들이 아이디어 제출, RPA 교육 수료를 거쳐 현재 부서의 업무 자동화를 구현하고 있으며 향후 평가를 통해 대표이사 포상, 해외 디지털 컨퍼런스 참관 기회 부여 등을 시상할 예정이다.뉴데일리경제, 2019.05.29.

● ─ KB손보

KB손보에서는 총 307건의 아이디어가 접수됐다. 이 중 47건에 대한 개발이 진행됐다. KB손보에 따르면 이번 공모전을 통해 총 47건의 아이디어가 적용된 RPA로 월 평균 약 3,000시간에 달하는 업무 시간 절감 효과를 보았다. 공모전의 대상을 수상한 아이디어는 장기보험 제지급 관련 등록 업무 시 직원들이 반복적으로 수행해오던 업무 프로세스에 RPA를 적용하자는 것이었다. 기존 4명이 처리하던 업무가 RPA로 대체되면서 한 달간 약 400시간의 업무시간 절감 효과를 냈다. 그밖에도 매일 반복적으로 발송되는 실적자료 작업, 증명서 자동 출력, 로봇을 활용한 인터넷 과장 광고 검색·정리 등의 아이디어가 수상작에 이름을 올렸다. KB손보는 "아직 개발이 완료되지 못한 69건의 아이디어 역시 향후 현업에 적용된다면 RPA를 통한 업무 개선 효과는 더욱 커질 것으로 기대한다"고 밝혔다.뉴시스, 2018.07.19.

● ― 라이나생명

보험업계 최초로 RPA를 도입한 라이나생명은 LINA BOT을 한 달여의 테스트 기간을 거쳐 계약 관리, 고객 서비스, 영업 운영, 보험금 심사, 언더라이팅, 품질 모니터링 등 총 34개 프로세스에 우선 적용했다. LINA BOT 적용 후 하루 약 23시간이 소요되던 반복 업무가 약 1.87시간으로 실제로 크게 감소했다. 이를 통해 영업 마감, 지급 업무 등 단순 반복 업무에서 벗어나 보다 효율적으로 업무에 집중할 수 있는 업무 환경이 조성됐다.

빠르고 정확한 업무 수행이 가능해짐에 따라 고객 편의도 증가할 것으로 보인다. 고객의 서류 접수와 보험금 심사의 자동화로 보다 빠른 보험금 지급이 가능해졌으며 메일 발송 등을 누락 우려 없이 로봇이 처리하게 됐다. 또 품질 모니터링을 동시에 빠르고 정확하게 수행함으로 고객의 불편을 최소화할 수 있는 기반을 마련했다.

LINA BOT은 개발자뿐만 아니라 업무 수행자가 직접 오류를 수정하고 프로세스 개선을 추가 반영할 수 있는 운영 환경까지 갖췄다. 이를 통해 LINA BOT의 활용도를 높여 나갈 계획이며 보다 복잡하고 어려운 수준의 업무 적용은 지속적인 연구개발을 통해 2018년 초 반영할 예정이다. 라이나뉴스, 2017.10.24.

● ― CJ대한통운

"RPA 도입 1년 만에 총 22개 과제에 활용, 연간 업무 수행 시간의 70%를 절감했다. RPA 적용 업무 범위를 지속 확대하고 RDA까지 확대할 계획이다."

CJ대한통운은 2018년 초 RPA를 도입하기로 결정하고 택배, 포워딩, 항만, W&D물류센터 운영·수송 등 4개 분야에 우선 적용했다. 그중 포워딩 부서의 만족도가 높았다고 한다. 포워딩 부서는 주문 정보를 엑셀 등 포맷에 맞게 재입력하는 단순 작업을 반복해왔다. 세계 각지에서 접수되는 주문 정보를 실시간으로 입력하다 보면 새벽 2시를 넘는 경우도 발생했다. 이 단순 반복 업무를 RPA가 대신했다. RPA가 시간별로 세계 각지에서 접수되는 주문을 자동으로 입력하고 선별 작업까지 마무리했다. 담당자는 단순 업무에서 벗어나 생산적, 창의적 일에 집중하게 되었다. RPA 도입 후 기존 업무의 65%를 절감했다. RPA가 연간 1만 4,238시간을 대신하는 것이다.

포워딩을 비롯해 초반에 진행한 4개 과제 모두 부서 만족도가 높아 타 부서에도 도입이 증가하여 프로젝트는 22개까지 늘어났다. 현업 대상 RPA 설명회 등을 거쳐 필요한 사업부서별로 RPA를 확대 적용하는 중이다. 22개 프로젝트에 RPA를 도입한 후 업무 생산성이 수작업 대비 2~5배가량 향상 됐다. 뿐만 아니라 수작업 시 발생하는 오류 또한 감소했다. 적은 인력으로 더 많은 업무를 처리하기 때문에 30~50%가량의 비용 절감 효과가 기대된다. 민감한 데이터에 대한 인적 접근을 제어하는 전사 데이터 보안도 강화됐다.

모든 과정은 RPA 운영위원회의 논의를 거쳐 결정했다. RPA가 부서 전반에 걸쳐 반복 업무를 대신한다면 RDA는 직원 개인별 맞춤형 기능을 제공해 RPA를 보완하고 업무 효율을 높여준다. RPA 도입 초기부터 RPA 운영위원회를 구성해 신규 프로젝트를 발굴하고 경영진을 설득해 추진하는 작업을 함께 해오며 RPA 전문가를 직접 양성하여 초반에 추진했던 4개 과제별로 RPA 전문가를 투입했다. CJ대한통운은 현업 대상 RPA 리더 교육도 두 차례씩 진행하고 있다.2018.11.28, 전자신문

● ─ LG전자

LG전자는 영업, 마케팅, 구매, 회계, 인사 등 12개 직군의 총 120개 업무에 RPA 기술을 도입했다. 2018년 말까지 100개 이상의 업무에 이 기술을 추가 적용할 계획이고, 현재 RPA 기술로 처리하는 업무량을 사람의 근무량으로 환산하면 월 3,000시간 이상이 된다고 밝혔다. 직원들은 데이터 조회와 정리에 소요되는 시간을 줄여, 문제를 분석하고 해결하는 등의 보다 가치 있는 일에 집중하게 될 것이라고 말했다.인더스트리뉴스, 2018.10.31.

● ─ 삼성생명

삼성생명은 2018년 10월 RPA를 도입한 지 6개월간 총 50여 개 업무에 적용해 연간 2만 4,000시간을 절약했다고 밝혔다. 6개월간 RPA가 반영된 대표적인 사례들은 아파트 담보대출 기준시가 조회 및 입력, 콜센터 상담사별 고객 만족도 결과 전달, 단체보험 추가 가입 등이다. 삼성생명은 각 부서에서 제출한 아이디어를 받아 300여 개의 RPA 후보 과제를 선정해

1차 50개 과제에 우선적으로 RPA를 적용했다. RPA가 정착되고 직원들의 단순 반복 업무가 줄어들면서 사내 직원 만족도 조사96점 및 향후 RPA 적용 의향94점 조사에서 높은 점수를 받기도 했다. 삼성생명은 2021년까지 600개 과제를 수행함으로 업무 생산성을 높이고 자체 개발한 딥OCR·챗봇 기술과 연계해 지능형 RPA로 고도화시켜 나갈 계획이다.코스콤 리포트, 2019.10.28.

● ― **현대카드**

현대카드는 2017년부터 두 차례에 걸친 RPA 프로젝트를 통해 총 42개 과제를 도출했다. '카드 서비스 승인 매입 테스트'를 자동화한 사례가 대표적이다. RPA 도입 전에는 카드 서비스 변경 사항이 발생하면 담당자가 변경 사항을 반영한 후 승인과 매입 관련한 5개 항목의 테스트를 일일이 수작업으로 진행했다. RPA 도입 후에는 이 과정이 축소되었다. 로봇 소프트웨어가 알아서 테스트를 수행하고 결과를 제공하기 때문이다. 담당자는 이 소프트웨어가 제공하는 결과 보고서를 검토하기만 하면 된다. 신상품 출시 시점에는 RPA 도입 효과가 극대화된다. 많은 신규 서비스가 한꺼번에 반영돼 승인·매입 항목에 대한 수천 번의 테스트가 필수적이기 때문이다.

현대카드는 우편물 주인을 찾는 데도 RPA를 활용했다. 수취인이 불확실해 배달되지 않은 등기우편의 경우 고객 주소지 확인 또는 등기우편 반송 이력 확인이 필요하다. 기존에는 담당자가 직접 우체국 등기 조회 사이트에 접속하여 등기 번호를 조회한 뒤 이미지 파일로 저장해야 했다. RPA를 적용한 결과 3단계에 걸친 수작업은 모두 사라졌다. 이제 담당자는 로봇 소프트웨어가 자동으로 처리하고 업로드한 화면에서 자료를 조회해보기만 하면 된다. "RPA 프로젝트를 적용함으로 직원의 업무 시간은 크게 절감됐고 단순한 실수로 발생하는 오류도 줄어드는 등 업무 퀄리티가 개선

됐다"며 "RPA 도입을 통해 직원 약 70명의 업무량인 연간 1만 5,628시간에 달하는 업무 시간을 절감할 수 있을 것으로 기대한다"고 밝혔다.중앙일보, 2018.10.18.

● ─ 신세계

신세계그룹은 패션 및 라이프 스타일 기업인 신세계인터내셔날에 RPA 기술을 도입했다. 신세계인터내셔날은 업무 프로세스를 분석해 영업 마감, 세금계산서, 매출 실적 및 재고 관리 등의 분야에 RPA 기술을 우선 적용했다. 학습된 로봇 소프트웨어는 매출, 재고 데이터를 활용한 각종 업무를 수행했다. 각 유통 채널별 시스템에 접속해 데이터를 수집하고 보고서 작성, 시스템 등록, 메일 발송, 전표 처리, 세금계산서 처리 등을 자동으로 처리했다. 약 4개월간 RPA 도입 효과에 대해 분석한 결과, 기존 업무 시간 대비 70% 시간을 단축했고, 판매 관리비 마감 등 단순 반복 업무의 경우 93% 이상 업무 시간 절감 효과를 봤다.IT World, 2019.04.16.

● ─ 제주항공

제주항공은 정비 자재 구매, 스케줄 업무 등에 순차적으로 RPA를 도입했다. 제주항공 관계자는 "일주일에 한 번, 직원 두 명이 하루 동안 꼬박 하던 스케줄 입력 작업이 RPA 도입 후 한 시간 이내로 단축됐다"고 말했다.뉴시스, 2019.04.01.

RPA

어떻게 시작하는 것이 좋은가

1

탑다운(Top-Down)

탑다운 RPA
Top-down RPA

전사 디지털화
Company digitization

프로세스 자동화
Process automatic

과제 자동화
Task automation

바텀업 RPA
Bottom-up RPA

주요 기술적 기능
KEY TECHNOGICAL FEATURES

섬세한 통합 / AI / 확장성 /
보안 / 인간 관계형 기능
Sophisticatod Orchestration / AI / Scalability /
Security / Human-in-the-loop capability

통합 / 유인&무인 로봇 /
BPM 관련 기능
Orchestration / Attended & Unattended Robots /
BPM-type capabilities

간편한 설치 / 간편한 개발
Simplicity of development / Simplicity of deployment

* 제공: UiPath

기업들은 보통 일반적으로 로보틱 운영 센터ROC, Robotic Operation Center 의 형태로 팀을 구성해 조직에 가장 큰 영향을 미치는 프로세스들을 처리 한다. 이것이 중앙 집중적인 탑다운 접근법이며 네 단계가 있다.

① 자동화가 가능한 영역을 파악한다. (히트맵[1], 프로세스 디스커버리 및 플래닝 소프트웨어 기능을 활용한다.)
② 가장 높은 ROI을 달성할 수 있도록 각 업무를 진행 시간과 빈도에 따라 순위를 매긴다.
③ 이를 통해 자동화해야 하는 핵심 업무를 정하고, 기대하는 결과를 정한다.
④ 자동화를 한 뒤 문제가 해결되었는지 평가한다. 만약 문제가 해결되 지 않았다면, 가장 효과적인 사람과 로봇의 업무 조합을 찾아본다.

이 네 단계를 통해 기업의 자동화팀은 주요 업무 프로세스를 살펴보고 어떤 업무가 가장 많이 시간이 걸리고 업무량이 많은지 찾아내야 한다. 산 업 및 도메인별 히트맵, 프로세스 마이닝[2] 기술과 그 외 플래닝 도구를 활 용할 수도 있다. 현재 국내에 가장 활발하게 도입되고 있는 방법이다. 중앙 관리와 대용량처리가 쉬운 반면 구축비용과 구축시간이 많이 드는 단점이 있다.

2

바텀업(Bottom-Up)

'바텀업 접근'을 선택했다면, 직원들은 자신의 일상적인 프로세스 중 어떤 것이 자동화될 수 있는지 탐색하도록 하는 체제 모형을 마련한다. 해당 작업들이 개개인에게는 비효율적이거나 비용이 많이 드는 것처럼 보이지 않을지라도, 조직 차원에서 보았을 때에는 반복된 업무에 상당한 시간이 낭비되고 있을 수 있다.

바텀업 접근법은 사회복지사의 업무 사례를 통해 더 잘 알 수 있다. 사회복지사들은 종종 특정 사례에 대한 의사 결정을 내리기 위해 수백 건의 문서를 찾아본다. 이 과정은 매우 오랜 시간이 소요된다. 사회복지사들은 자동화를 통해 소프트웨어 로봇이 문서를 스캔하도록 프로그래밍할 수 있으며 로봇을 통해 의사결정을 내리는 데에 필요한 최적의 정보를 빠르게

디지털 혁명, RPA의 습격

추출해 낼 수 있다. 이러한 유형의 지식 업무데이터 검색, 스프레드시트 분석, 이메일 분류 및 우선순위 지정는 ROC가 커버하기 어려운 업무 영역으로서, 해당 영역의 자동화를 통해 직원들이 보다 집중을 필요로 하는 업무에 시간을 활용하도록 극대화할 수 있다.

국내에서 더 검토해볼 만한 방법론이다. 상대적으로 큰 비용이나 많은 시간의 투자 없이 효과를 바로 볼 수 있는 반면에 관리 부분에 신경을 써야 한다. 아래 이미지는 조직 업무의 비율을 통해 바텀업 접근법이 탑다운 접근법을 어떻게 보완해줄 수 있는지 보여주고 있다.

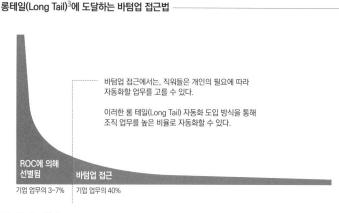

롱테일(Long Tail)[3]에 도달하는 바텀업 접근법

바텀업 접근에서는, 직워들은 개인의 필요에 따라 자동화할 업무를 고를 수 있다.

이러한 롱 테일(Long Tail) 자동화 도입 방식을 통해 조직 업무를 높은 비율로 자동화할 수 있다.

ROC에 의해 선별됨
기업 업무의 3~7%

바텀업 접근
기업 업무의 40%

* Provided by UiPath

복사, 붙여 넣기와 같은 간단한 작업은 생각만 해도 성가신 일이다. 수백 또는 수천 명의 고급 능력 직원이 하루에 몇 번이나 이러한 작업을 하고 있다는 것은, 조직 차원에서 보면 엄청난 양의 시간과 비용이 버려지고 있다는 의미이다.

모든 접근법은 저마다의 장점이 있기 때문에, 조직은 최상의 결과를 얻기 위해 두 가지 접근법을 모두 받아들여야 한다. 중앙 주도의 탑다운 접근 방식을 통해서는 조직에서 인식하고 있는 반복적인 작업을 처리하고, 직원 주도의 바텀업 접근 방식을 통해서는 조직이 놓치고 있는 자동화 가능 업무들을 파악해야 한다. 즉, 기업은 자동화를 성공적으로 해내기 위해, 바텀업 프로세스뿐만 아니라 탑다운 프로세스를 처리할 수 있는 메커니즘도 구축하는 것이 중요하다 할 수 있다.

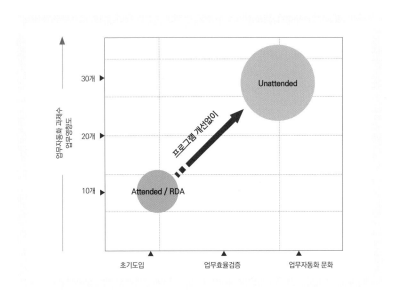

2017년 RPA의 국내 도입이 본격화된 이후 국내의 방법론은 탑다운이 주를 이루었다. 바텀업 구축 방법론이 상대적으로 논의되지 못했던 것은, 바텀업의 장점이 많다는 것을 상기해 본다면 매우 아쉬운 점이다. 특정 주도 플레이어들의 주장만이 소개되고 적용된 것 같아 RPA 고유의 장점이

희석될 수도 있는 우려도 있다. 국내 대부분을 이루는 중견 기업의 경우, 바텀업 방법론이 보다 적절해 보인다. 이미 RPA를 경험한 대기업의 경우 엔드투엔드 RPA를 적용하기 위해서는 반드시 바텀업 방법론을 검토해 볼 필요가 있다. 아래는 두 가지 방법론의 비교표이다.

탑다운(Top-Down)	바텀업(Bottom-Up)
부분 자동화	엔드투엔드 자동화
과제 발굴 어려움	과제 발굴 쉬움
개발 기간 장기	개발 기간 단기
기계-to-기계	사람-to-기계
개발 어려움	개빌 쉬움
많은 예산 소요	상대적 적은 예산
많은 운영 비용	상대적 적은 운영 비용
무중단 / 대용량 데이터 / 관리 용이	관리 필요 / 다양한 업무
Unattended / 무인 RPA	RDA / Attended / 유인 RPA / Personal

RPA

무엇을 고려해야 하는가

1

RPA 고려사항

RPA를 빅뱅Big Bang으로 접목하기보다는 POC[1]를 통해 RPA 기술검정, 벤더 선정, 업무 적용 가능성 검증, ROIReturn On Inverstment 검토 등의 작업이 진행되어야 한다. 또한 한번 구축된 기능을 업무 변화에 따라 지속적으로 기능을 변경하는 등의 변화 관리가 반드시 필요하다.

일반적으로 후보 식별 → 영향도 분석 → 적용 대상 선정 → 구축 계획 수립의 4단계 수행을 통해 RPA 적용 전략을 수립한다.

기업 내 각 본부/팀에서 취합된 RPA 구현 후보 업무들을 자동화 정도, 위험도, 적용 적합성, 구현 용이성, ROI로 종합 고려하여 구현 우선순위를 산정한다.

디지털 혁명, RPA의 습격

RPA 프로젝트 수행절차

Phase I	*Phase II*	*Phase III*	*Phase IV*
PoC 테스트	시범도입	확장도입	지속적 개선 및 변화관리

RPA 도입 목표 정의	시범도입 및 모니터링 가능 구축	RPA 적용 범위 확대	변화관리
· 조직내에서의 RPA 필요성 이해 · RPA 도입 목표, 우선 적용 업무 정의	· RPA 적용을 위한 비즈니스 프로세스 분석 및 설계(일부 PI 포함) · RPA 모니터링 인프라 구축	· 전사적으로 RPA 적용 업무 식별 · 전사 RPA 적용을 위한 비즈니스 프로세스 분석 및 설계 RPA 통합 모니터링 인프라 구축	· RPA에 의한 지속적 업무개선(e.g.Cognitive Automation 적용) · RPA 기반 업무 변화

PoC 수행	중장기적 RPA 구축 및 운용
· 기술 검증 및 벤더 선정 · 업무 적용 가능성 검증 · 투자 대비 효과 검토	· 기술 검증 및 벤더 선정(2개 이상 벤더 Mix 운용방안 검토 포함) · 업무 적용 가능성 검증 · 투자 대비 효과 계산

초기 변화 관리	중장기 변화 관리
· RPA 기초 교육	· 경영진 참여, 현장의 의식 개혁과 이해 범위 확대 · RPA 도입 확대 및 지속 추진을 위한 전문가 육성

RPA 프로그램 관리
· RPA 적용 범위, 일정, 이슈/리스크, 품질, 실행 주체 등 프로그램 관리

* Provided by 2017 삼정KPMG

RPA 적용 전략 수립 절차

RPA 적용 후보 식별	RPA 적용 영향도 분석	RPA 적용대상 선정	RPA 적용 계획 수립
RPA 적용 후보 수집	프로세스 변경 영향도 분석	RPA 적용대상 기준 수립	RPA 적용 Roadmap 수립
RPA 후보 프로세스 분석	시스템 변경 영향도 분석	유형별 적용단계 정의	Quick-win 실행계획 수립
프로세스 수행 환경 및 기능 분석	RPA 적합도 평가	Quick-win 대상 선정	
· RPA 적용에 적합한 프로세스의 선정기준에 따라, 후보 프로세스 수집 및 분석 수행	· 적용 후보 프로세스 별 상세 사항 및 변경 영향도를 분석하고, RPA 적합도를 평가함	· 프로세스 유형 및 적용 단계를 정의하고, 각 단계 별 적용 대상을 선정함	· 전사적 관점에서의 RPA 적용 Roadmap 정의 및 Quick-win 대상에 대한 구축계획을 수립함

RPA 무엇을 고려해야 하는가

평가 항목	세부 항목	항목 질의
자동화 정도	Rule-Based/ 주관적 의사결정	의사결정 포인트가 규칙화(Rule-Based)될 수 있는가?
	업무 시나리오 개수	몇 개의 업무 시나리오가 존재하는가? (적을수록 자동화 쉬움)
	입력 데이터 형태	입력 데이터가 정형인가, 비정형인가?
	입력 데이터 디지털 변화 가능도	입력데이터 중 몇 퍼센트를 디지털 형태로 변환 가능한가?
	시스템 수	수행을 위해 사용되는 시스템은 몇 개인가?
	고객 상호작용을 방해하는 작업 수	고객, 협력사, 타부서와 얼마만큼의 인터페이스가 필요한가?
리스크	컴플라이스 요구	특정한 컴플라이언스 요구사항이 있는가?
	비지니스 연속성 리스크	업무 중단으로 인해 사업 연속성의 리스크가 야기될 수 있는가?
RPA 적용 가능성	RPA 적용 가능 여부	자동화 정도 또는 리스크 기준이 있는가?
업무 적합성	프로세스 변화의 수준	업무가 자동화되기 위해서 얼마만큼의 변화가 발생하는가?
	기술 변화(향후 6개월 간)	이 업무에 적용된 기술이 다음 6개월 내에 변화가 예상되는가?
	사이클 타임	이 테스크에 얼마나 많은 시간이 소비되는가? (0=10시간 초과)
	시즌성/변동성/Backlog	이 업무의 변동성은 얼마나 높은가?
구현 용이성	솔루션 제공 커버리지	기본 제공 기능 이외에 추가로 개발이 얼마나 필요한가?
	관련 시스템 변경	반드시 필요한 시스템 변경 또는 기능 추가가 있는가?
	부가적 프로그램 사용	Office/Web을 제외한 다른 솔루션을 얼마나 사용하는가?
	결과물 개수	자동화로 만들어진 결과물의 개수가 얼마나 되는가?
ROI	수행 주기(월/주/일), 인원, 시간	현재 이 업무를 수행하는 주기와 담당인원수, 인별 작업 시간은?

　　핵심 담당자 업무 영상 및 Macro Script Recording을 RPA 프로세스 설계/정의의 기초자료로 활용하고, 해당 정의를 기반으로 RPA 구현 및 단위/통합 테스트를 수행한다.

RPA Development Sprint 구성(Sprint 당 약 2.5~4 소요 기준)

	계획 및 분석 (0.2W)	설계 (0.8W)	구현 (1.5W)	테스트 (0.5W)	배포
Key Input	· As-Is 업무 내용 상세	· RPA Process Definition Document(PDD)	· RPA Process Definition Document (First Cut)	· 프로그램 소스	· 개발자 및 운영자 매뉴얼 작성
Activity	· 개발 환경 세딩(초기) · Use Case 별 핵심 담당자 인터뷰 · 상세 Sprint 계획 수립	· RPA 구현 가능성 판단 · RPA 적용 프로세스 설계서 작성 · Use Case 별 상세 동작 작성 및 기능 맵핑	· RPA Script 개발 · Use Case 內 Function 단위별 자체 Test 수행	· Test 계획 및 일정 수립 · 통합 Test 수행	· 개발 Package Control Desk에 Publish · Publish 완료 소스 Deploy · 사용법 등 내용이 포함된 PDD 작성
Output	· 업무 수행 동영상 · 업무 RPA Macro Script · 인터뷰 결과	· RPA Process Definition Document (First Cut)	· 프로그램 소스	· Test 계획서 · Daily (or Hourly Test) 결과서	· RPA Process Definition Document (Final Cut)

* RPA Use Case 당 구현기간은 업무에 따라 상이함

1 - RPA 컨설팅

기업별 그리고 부서별 해당 비지니스의 특성에 따라 매우 특정한 형태의 요구사항이 필요하다. 만일, 이러한 요구사항이 온전히 반영되지 않으면, 아무리 좋아 보이는 솔루션도 제 역할을 하지 못한다. 간단해 보이는 솔루션도 필드에서 실제로 작동하기 위해서는 꽤 오랜 기간 요구사항 분석 및 최적화 기간을 거쳐야 한다.

이러한 고객별, 산업별 그리고 부서별로 다른 '솔루션' 이행Implementation에 관한 일requirement gathering, communication, customization, QA/QC은 소프트웨어社보다는 컨설팅社가 잘할 수 있는 분야 중 하나이다. 더 나아가 최근 컨설팅社는 내부적으로 데이터 분석Data & Analytics 조직을 강화했는데, 이는 단순히 정해진 규칙을 실행하는 로봇을 보다 유연하고 똑똑하게 만들 수 있

다. 예컨대 데이터에 오류가 있거나, 빠진 부분이 있는 경우, 혹은 규칙을 아주 약간 벗어난 예외의 경우, 사람은 쉽게 이를 인식하고 고칠 수 있지만, 컴퓨터는 이러한 내용이 미리 고려되어 있지 않는 한 처리가 불가능하다. 이런 작은 결함은 전체 솔루션을 쓸모없게 만들 수 있다. 흥미롭게도 머신 러닝[2] 등을 통해 이 작은 결함들을 메울 수가 있다. 즉, RPA 원래 기능만으로는 큰 의미를 볼 수 없을 것 같았던 프로세스는 데이터 분석을 통해 RPA 잠재력이 높은 프로세스로 만들어지며, RPA의 사업 영역을 넓히는 데에 도움을 준다.

이러한 경영 컨설팅社은 여러 다른 프로젝트를 통해 이미 대기업과 고객관계Client Relationship를 맺고 있는 경우가 많으므로, 특정 기업은 자신의 비즈니스에 대한 이해를 갖고 있는 컨설팅社를 통해 보다 편리하게 새로운 기술을 시험하고 설치할 수 있다.

RPA 사업을 하는 컨설팅社에 관한 정보는 앞 장 'RPA 주요 플레이어' 편을 참고하면 된다.

2 — RPA 교육

RPA와 기존 개발 환경의 가장 큰 차이는 현업 혹은 업무 담당자가 주체가 된다는 것이다. IT팀은 더 이상 도입과 운영의 추제가 아니다. 이렇게 되어야만 업무 프로세스를 잘 아는 실무자의 시각에서 개선의 여지가 보이고, 실제 개선이 이뤄질 수 있다. 실무팀과 IT팀과의 커뮤니케이션 장애와 괴리에서 발생하는 다양한 착오를 제거하고 오로지 업무 프로세스 개선에만 집중할 수 있도록 하는 것이다. 이러한 환경이 되려면 RPA 툴Tool을 쉽게 사용할 수 있어야 한다.

IT 배경지식이 없는 현업 담당자가 며칠 혹은 몇 주의 교육을 통해 RPA 툴을 다룰 수 있게 되어야만 기업이 원하는 목표를 쉽게 달성할 수 있다. 현재 대부분의 RPA 제조사들은 다양한 교육 프로그램을 제시하고 있다. 온라인 무료 교육과 더불어 온라인 기술자 교육, 온사이트 교육 등 사용자의 시간과 수준에 맞는 교육 프로그램을 유상, 무상으로 제공한다. 개인차가 있겠으나 수일의 교육을 통해 기본적인 프로세스 생성을 가능하게 하는 것이 교육의 목표이다.

Softomotive는 무상의 온라인 동영상 웹사이트를 한글 더빙과 함께 제공한다. 제품에서는 300여 개 이상의 템플릿을 제공하여 손쉽게 드래그-앤-드롭Drag and Drop으로 프로세스 생성을 돕는다. 실무자의 업무가 변경되지 않는 이상 실제로 사용하는 템플릿은 소수에 불과하다. 소수의 템플릿만 사용하기에 익숙해지는 시간도 오래 걸리지 않는다.

1) RPA 온라인 교육 과정

● ― UiPath

유아이패스는 소프트웨어 활용 방법에 대한 자체 교육 프로그램을 제공한다. 이 코스는 RPA 전문가 교육, 교육 실습을 포함해, 강사의 감독하에 자동화 프로젝트를 시작하는 과정을 담고 있다. 가격은 무료이며 온라인으로 진행된다. 자기 주도형 과정이기에 정해진 교육 기간은 없다.

참고: https://academy.uipath.com/pages/7/english-home-page

● ― Automation Anywhere

인재 양성을 위한 교육 프로그램 '오토메이션애니웨어 유니버시티 Automation Anywhere University, 이하 AAU'를 지원한다. 약 70여 개의 교육 과정과 소프트웨어 봇Bot 개발자, RPA 프로그램 관리자, 실무자 등 9가지 직무별 맞춤형 학습 코스를 수강할 수 있으며 입문자부터 전문가 수준에 이르는 종합적인 교육 과정을 제공한다. 교육 수료자에게는 해당 교육 과정에 대한 인증서를 수여한다. 교육은 무료이다.

참고: https://university.automationanywhere.com/

● ― Softomotive

개념부터 제품 기능까지 RDA 및 RPA의 전체 범위를 포괄하는 600여 개 모듈로 구성되어 있고 스스로 진도를 조절하며 학습할 수 있는 온라인 동영상 과정을 제공한다. 가격은 무료이고 특징으로는 글로벌 제품으로는 유일하게 한국어 더빙이 되어 있어 이해에 도움이 된다.

참고: https://academy.softomotive.com/pages/courses-korean

● ― 유데미(Udemy)

영어로 진행되며 특히, 유아이패스 RPA 교육 과정은 인스톨, 오리엔테이션, 스트럭처, 콘트롤 플로우, 오류 처리, 일반적인 앱 및 절차의 자동화, 디버깅 등을 다룬다. RPA에 대한 이해 수준이 낮은 이들이라면 프라이머 코스인 RPA 오버뷰를 먼저 수료하는 것이 권장된다. 가격은 199달러이며 온라인으로 진행된다. 자기 주도형 과정이기에 정해진 교육 기간은 따로 없다.

참고: https://www.udemy.com/course/uipath-robotic-process-automation/

2) RPA 오프라인 교육 과정

● ― STA테스팅컨설팅

수년간 국내 RPA 부분의 컨설턴트로 재직하고 있거나, 또는 담당하고 있는 과정 개발에 직접 참여하신 전문 강사에 의해 강의가 진행된다. 강의를 통해 국제 표준 지식과 국·내외 Best-Practice, 실 사례에 대한 다양한 경험과 노하우를 학습할 수 있다.

참고: http://sta.co.kr/sub/education/STA_Edu.php

● ― 한국스코어링

- RPA 기초개발자과정
- RPA 중급개발자과정
- RPA 고급개발자과정
- RPA 관리자 과정
- Smart RPA 과정 [RPA + ChatBot]
- ChatBot 개발자 양성 과정
- DataScience 모델링 과정 [Python]
- Governance/BA 과정
- Softomotive 개발자/관리자 양성 과정

참고: http://www.rpakorea.com/

● ― 유비씨엔에스

RPA 기획 과정, RPA 비즈니스 분석 과정, RPA 개발 기초/중급/고급 과정, RPA시스템 관리 과정, Learn RPA[BPR/BPM] 과정을 제공한다.

참고: https://www.ubcns.com/rpa-1

● ― **한국표준협회**

　RPA 도입전략 실무 과정이 있다. RPA의 개념과 동향, 적용 기업의 사례 연구를 통해 필요성을 인식시킨다. RPA 구축 프로세스를 학습함으로써 도입 전략을 수립할 수 있는 역량을 향상시켜 준다.

참고: https://www.oksa.or.kr/interact/main.user

교육 내용		
모듈	세부 내용	일차
4차 산업과 RPA	• 4차 산업혁명 시대의 환경 변화와 RPA • RPA의 개념과 국내외 현황 • RPA 성장과 솔루션 발전 방향	1일차 09:00~ 17:00
RPA 사업 전략	• RPA 프로젝트 환경 분석 • RPA 플랫폼 기술, 거버넌스의 이해 • 기업보안, 리스크 관리 • RPA 운영 모델 분석, 운영 정책 수립 [사례연구] 도입 전략 수립 시 고려 사항	
RPA 대상 도출과 개발운영	• RPA 대상 업무 선정과 평가 • 자동화 프로세스 설계와 전략 수립 • RPA 프로세스 개발과 적용 • RPA 프로세스 안정화와 운영 관리	2일차 09:00~ 17:00
RPA 사업 관리	• 변화 관리 대응 방안 • 전사 확산 방법론과 Next RPA 적용론 • RPA 투자 효과 분석론 [리뷰, 종합 정리]	

● ― **노블프로그**

　현지 강사 진행 라이브 RPA 교육 과정을 통해 참가자는 조직 내에서 RPA를 구현하는 방법을 학습할 수 있다. RPA 교육은 "현장 실습" 또는 "원격 실습"으로 제공된다. 현장 실습은 고객 구내에서 실시할 수 있다. 원격 라이브 교육은 대한민국 또는 NobleProg 기업 교육 센터에서 대화형 원격 데스크톱을 통해 수행된다.

참고: https://www.nobleprog.co.kr/rpa-training

● ─ 블루RPA캠퍼스

2일간 기업에 방문하여 실습 위주로 교육한다.

참고: https://m.blog.naver.com/PostList.nhn?blogId=np1120

3 ─ RPA 운영

1) RPA CoE(Center of Excellence) 구성

RPA CoE란 무엇인가?

RPA 도입 성공의 중요한 요소 중 하나는 좋은 인력으로 잘 구성된 RPA CoE^Center of Excellence를 운영하는 것이다. RPA는 빠르게 변화하는 소비자 중심 시장에서 여러 이점과 함께 효율성을 향상시키는 것으로 검증되었다. 그러나 잘 구조화되고 기능이 우수한 RPA CoE를 구현하려면 철저한 이해, 계획 및 실행이 필요하다.

유능한 자동화 CoE를 통해 조직은 RPA를 최적화시키고 프로세스를 보다 빠르고 효율적이며 오류가 적은 로봇으로 인력을 대체할 수 있다. 다만, 기업은 RPA를 통해 인력의 일상적인 작업을 자동화하게 된다. 따라서 반복적인 일상 작업을 수행하는 데 필요한 인력은 크게 줄어들지만 전략을 수립하고 비즈니스를 관리하는 인력은 여전히 필요하다고 볼 수 있다.

RPA CoE는 무엇을 해야 하는가?

효과적인 RPA CoE는 고성능 운영 모델을 통해 중요한 서비스를 제공한다. 이 모델에는 다음과 같은 요소가 포함된다.

● ─ 조직

강력한 핵심 조직은 RPA가 회사 전체에 통합되도록 만든다. CoE는 RPA 이니셔티브의 모든 측면을 지원하는 내부 및 외부 역할과 책임을 지시하게 된다. 간단히 말해 이 요소는 CoE의 조직 구조를 정의한다. 이와 별도로 새로운 리소스를 획득하고 교육하고 원활한 변경, 관리를 담당한다.

● ─ 거버넌스(Governance)

이 요소는 관리 기관, 요청 경로 및 업무 분리와 함께 명확한 RPA 표준, 절차 및 정책을 설정한다. 또한 규정 준수 정보, 정보 보안 요구사항 및 규정 표준을 충족시킨다. 또한 이 요소는 작업 우선순위, 다른 팀 또는 직원에게 제공되는 액세스 수준을 결정한다.

● ─ 기술

우수한 RPA CoE 설정을 통해 작업에 적합한 자동화 도구를 선택할 수 있으며 이러한 도구의 유지 관리 및 지원 측면도 관리할 수 있다. 기본적으로 로봇 운영 환경의 설계자 역할을 한다. 또한 IT 서비스 관리 및 구성 관리 데이터베이스와 같은 중요한 영역으로 RPA 통합을 강화하게 된다.

● ─ 프로세스

이 요소는 조직 전체의 전체 수명 주기를 실행, 모니터링 및 변경한다. 자동화 기회를 평가하며, 안정적이고 확장 가능한 지원 구조를 갖춘 적합한 환경에 RPA를 배치하는 데 필요한 요소다. 평가, 개발, 테스트 및 배포는 모두 이 요소의 일부이다. 변경 프로세스 및 인시던트 관리도 이 범주에 속한다.

•— 운영

이 요소는 작업 설명 변경에서 전체 운영 변경 관리에 이르기까지 RPA가 사람 역할을 하는데 미치는 영향을 분석한다. 또한 조직 구조의 변경 사항을 고려하고 RPA를 모니터링하며 필요한 경우 지원을 제공한다.

RPA CoE의 구성원은 누구인가?

- **RPA 후원자**: 전반적인 로봇 공학 전략을 책임지는 역할로서, CoE는 기업 전체의 환경에 걸맞은 RPA 후원자를 지정해야 한다.
- **CoE 리드**: CoE 활동, 성과 보고 및 운영 리드를 담당한다.
- **RPA 프로젝트 관리자**: 로봇 프로젝트가 CoE 전략에 따라 제공되도록 하여 성공적인 구현, 적시에 정해진 예산 내에서 이익을 얻을 수 있도록 한다.
- **RPA 챔피언**: 조직 전체의 자동화 채택 프로세스를 추진한다.
- **RPA 및 CoE 비즈니스 분석가**: 자동화에 사용되는 프로세스 정의 및 맵을 작성하는 주제 전문가로서, 상황을 식별하고 잠재적 이점과 필요한 자원에 대한 자세한 분석을 제공한다.
- **RPA 솔루션 설계자**: RPA 인프라를 처음부터 끝까지 감독하며 CoE 설정의 개발 및 구현 단계를 모두 지원한다. 자동화 CoE의 세부 설계 및 라이선스 요구를 담당한다.
- **CoE 개발자**: CoE 자동화 워크플로우의 기술 설계, 개발 및 테스트를 담당한다.
- **인프라 엔지니어**: 자동화 CoE의 배포 및 향후 운영에 관련된 팀을 지원한다. 주로 문제 해결 및 서버 설치를 위한 인프라 지원을 제공한다.
- **Controller & Supervisor**: CoE 모니터링, 스케줄링 및 지원을 담당하며 업무가 평소와 같이 진행되도록 한다.

• **서비스 및 지원팀**: CoE 구현 중 요청 또는 문제가 발생하는 경우 첫 번째로 지원하는 라인이다.

RPA CoE를 구현하기 전에 고려해야 할 사항

RPA CoE를 구현하기 이전에 전사적 채택이 효과적이고 원활하게 이뤄지기 위해선 기본적인 사항을 이해하는 것이 중요하다. RPA CoE 설정의 잠재적 기회를 식별하는 동안 특정 원칙을 염두에 두어야 한다.

1. 비즈니스 프로세스에 요구 사항을 초과하거나 가치를 추가하지 않는 단계가 있는 경우 자동화 전에 종료하거나 제거한다.
2. 비용 효율적으로 자동화를 구현하도록 핵심 시스템을 변경할 수 있는 경우, 효과가 높은 과제가 우선이다.
3. 개인 식별 정보 및 기밀 데이터와 관련된 모든 프로세스를 자동화하기 전에 고객의 허가를 받아야 한다. RPA CoE 설정은 데이터 무결성이나 보안을 저하시키는 방향으로 수행해서는 안 된다. 또한 데이터베이스 또는 작업 대기열에 민감한 정보를 저장해서는 안 된다.
4. 프로세스가 현재 타사 공급자에게 아웃소싱되는 경우, 자동화 CoE는 적절한 전달 방법을 사용하여 아웃소싱 작업 내에서 로봇을 제공해야 한다. 또한 CoE는 RPA 공급 업체를 철저히 평가하고, 구현 파트너로 등록해야 한다.

이상 RPA CoE의 기본 원칙에 대해 알아보았다. 지금부터는 CoE 구현을 위한 규모, 기능 및 옵션을 결정해야 한다. 조직은 다양한 수준으로 CoE를 배포할 수 있다.

디지털 혁명, RPA의 습격

● ─ 분산된 CoE

이 모델은 조직의 다른 사업부들이 운영하는 다양한 CoE 기능으로 분산되어 있다. 조직 내 지역 비즈니스팀에 대한 제약을 덜어주는 동시에 전문 지식을 얻는 데 도움을 준다.이 모델은 느슨하게 관리되며, 다양한 비즈니스 라인에서 자체 CoE 지침 및 구조를 설정한다. 이는 시작하기에 좋은 방법이며 잠재적으로 비용을 절감할 수는 있지만 중앙 제어가 없기 때문에 IT와의 확장 및 연동이 어렵다.

● ─ 중앙 집중식 CoE

이 모델에서는 비즈니스 요구를 충족시키고 조직 전체의 RPA 배포를 촉진하는 데 필요한 모든 기능이 중앙 자동화 CoE 설정에 의해 처리된다. CoE는 RPA 구현을 성공적으로 수행하는 데 필요한 총체적인 리소스와 전문 지식을 제공한다. 이를 통해 담당자는 모든 이니셔티브를 중앙 집중식 위치에서 볼 수 있으며 프로젝트 및 우선순위에 대한 강력한 관리 기능을 제공한다. 중앙 모델은 또한 평가, 전달, 모니터링 및 유지 관리에 대한 표준 규정 세트를 제공한다. 위의 모든 기능을 통해 확장이 더 쉬워진다.

● ─ 하이브리드[3]

대부분의 조직은 위의 두 가지 옵션이 절충된 하이브리드를 사용한다. 예를 들어, 잘 확립된 CoE는 분산된 사업 단위 요구를 처리하면서도 중앙 집중식 운영을 수행할 수 있을 정도로 성숙해야 한다. 이 시나리오에서는 CoE 제공 및 운영 지원이 필요하다. 이 모델은 중앙 집중식 모델과 분산형 모델의 기능을 모두 수용할 수 있는 성숙한 이니셔티브에 가장 적합하다.

RPA CoE 구축

RPA CoE 설정의 기본 측과 원칙, 역할 및 다양한 모델을 다루었으므로 이번에는 프로세스 구축의 중요한 요소를 살펴본다.

●─ 계획 수립 및 커뮤니케이션

RPA CoE가 실질적인 혁신 및 디지털 혁신의 원동력이 되려면 이에 적합한 계획 수립이 중요하다. 조직 전체에 RPA를 구현하면 중대한 구조적 변화가 발생할 수 있다. 이러한 시기에 기업은 현업 담당자가 귀중한 경험과 전문 지식을 갖추고 있음을 기억해야 한다. 따라서 기업은 RPA를 통해 직원의 업무나 부서의 폐쇄가 아닌 재할당 계획을 가져야 한다. 구조적 변경을 계획하면 인력이 수행해야 하는 작업과 RPA로 완료해야 하는 작업을 구별할 수 있다. 또한 직원의 일자리 걱정을 없애고 혁신을 촉진하는 명확한 커뮤니케이션 전략이 필요하다. 계획 수립에는 직원이 RPA를 언제 어떻게 사용하는지 알 수 있도록 디지털 인력 운영에 대한 자세한 설명이 포함되어야 한다.

●─ 온프레미스[4] 또는 클라우드

비즈니스가 로컬 데이터 서버에 있는지 아니면 클라우드에서 디지털 인력을 호스팅해야 하는지에 대한 여부이다. 대규모의 회사는 로컬 데이터 센터에서 RPA CoE를 호스팅할 수 있는 리소스를 보유하고 있다. 반면에 규모가 크지 않은 회사는 클라우드에서 호스팅하는 것을 선호한다. 두 가지 옵션에는 모두 장단점이 있기 때문에 많은 회사에서는 각자의 필요에 맞게 하이브리드 모델을 사용한다. 하이브리드 옵션을 사용하면 일부 디지털 작업자가 로컬 데이터 센터에서 작업하는 동안, 다른 작업자는 클라우드에서 작업할 수 있다.

●― 성과 분석

RPA의 성공 여부는 단순한 비용 절감 해결 이외의 다양한 지표로 측정할 수 있나. RPA 프로그램 구현 초기에 성공 지표를 결정하는 중요 요소는 성공적인 파트너사 선택에 있다. 비용 절감, 효율성 향상 및 정확성은 가장 명백한 성공 지표 중 하나이지만 자동화 CoE의 용도에 따라 몇 가지 다른 요소가 관련된다. 혁신, 고객 만족, 확장 등이 여기에 포함될 수 있다.

RPA CoE 설정

위 사항을 고려한 후에 RPA CoE 설정을 시작할 수 있다. 이 절차에는 많은 복잡한 프로세스가 포함되므로 다음과 같은 사항을 명심해야 한다.

●― 큰 목표, 작은 시작(Think Big, Start Small)

RPA CoE를 설정 및 구현할 때는 큰 그림을 염두에 두어야 하지만 작은 단계도 잊지 말고 수행해야 한다. 소규모 구현으로 시작하면 기술을 이해하는 데 도움이 되므로 필요한 자동화, 비용, 조정 또는 조정이 필요한 조직 변경을 계획 할 수 있다. 직원들이 큰 그림을 살펴보면서 혁신을 수행하고 리더와 일하기를 열망하게 된다. 또한 향후 확장 계획을 세우는 데 도움이 된다.

●― 직원 스스로 혁신 추진

직원과 리더는 모두 트랜잭션 워크플로우 작업을 통하여 창의성과 직감을 사용하여 비즈니스를 성장시킬 수 있다. 직원이 정체되지 않고 창조성을 발휘하도록 장려하는 CoE를 설정하는 것은 성공적인 프로그램을 구현하는 데 필수적 요소이다. 기능적 자동화 CoE 설정을 통해 일상적인 작업에 소요되는 인적 시간을 절약하게 된 직원은 혁신을 수행할 수 있게 되며, 작업자 자동화를 사용하여 창의적인 노력을 도울 수 있게 된다.

● ─ 올바른 리소스 선택

적정한 사람과 기술을 선택하는 것이 더욱 중요해졌다. 트랜잭션 작업을 처리할 수 있는 RPA CoE를 설정하면 조직은 다양한 기술과 아이디어를 가진 직원을 고용할 수 있다.

● ─ 고객 우선

고객에게 더 나은 서비스를 제공하지 못하는 RPA CoE는 그 잠재력을 충족시키지 못하는 것이다. 올바른 RPA CoE 도구 및 구현을 통해 조직은 고객과 상호 작용하고, 더 많은 잠재 고객을 확보하여 더 많은 거래를 성사시킬 수 있는 새로운 기회를 얻게 된다. 고객 경험에 대한 투자는 필수적이다. 프로세스를 단순화하고 더 빠르게 만드는 방식으로 CoE를 사용해야 한다. 프로세스를 완료하는 데 며칠이 걸리더라도 고객 서비스 관련 작업을 보다 신속하게 추적할 수 있으며 직원은 고객과 더욱 친밀하게 상호 작용할 수 있게 된다.

● ─ 확장

비즈니스 요구의 증가에 따라 산업 생태계는 변화할 것이며, CoE는 이를 발전시킬 수 있어야 한다. 새로운 직원을 고용하고 교육하는 데 오랜 시간이 걸리는 것과 비교하여 완전한 RPA CoE 설정은 더 짧은 시간에 더 많은 기계나 소프트웨어를 초기화하여 작업을 수행할 수 있으므로 확장이 더 쉬워진다. 기본 인력에 더 많은 디지털 '클론'을 추가하는 것이 새로운 사람들을 통합하는 것보다 훨씬 쉽지만 이는 CoE에 수요를 처리할 수 있는 기능이 있는 경우에만 작동한다.

4 — RPA 예산

RPA 역시 비용이 드는 투자이다. 소프트웨어 라이선스와 인력 비용이 준비되어야 하며 별도의 하드웨어 환경도 필요하다. 요즘은 클라우드로 환경을 꾸미기도 한다. 개인 업무를 대상으로 적용할 경우 데스크탑용 RPA를 선택하면 되는데, 노트북이나 데스크탑당 연중 구독[5] 라이선스가 요구된다. 가장 널리 알려져 있는 Softomotive의 RDA Winautomation의 경우 장비당 매년 1,068달러를 지불하면 사용이 가능하다. 업무의 양이나 사용자에 대한 제한은 없다.

서버급 RPA의 경우 데스크탑용 RPA보다 설치와 운영이 복잡하고 가격도 고가인 반면 기업의 기간 업무와 연동하고 24시간 중단 없이 운영 가능하며 중앙 통제를 할 수 있다는 장점이 있다. 어떻게 구성하느냐에 따라 소프트웨어 라이선스의 비용은 천차만별로 달라진다. 때문에 설계하는 제안사와 긴밀한 협의가 필요하다.

데스크탑용 RPA와 서버급 RPA에는 개발 비용이 필요하다. 개발비는 RPA 구축 예산에서 70~80%에 달하는 비중을 차지한다. RPA 프로젝트 비용의 대부분은 인건비이다. 여기에 대형 고객이거나 복잡한 업무의 경우 BPRBusiness Process Reengineering 컨설팅을 별도로 받고 RPA를 진행하기도 한다. 이 경우 기간과 인원에 따른 컨설팅 비용이 더 소요된다. 정리하면

RPA 투자 금액은 수백만 원에서 수억까지 그 범위가 방대하다는 것이다. 이 비용은 대상 업무의 양, 기간, 제품 가격에 따라 달라진다고 볼 수 있다.

RPA 프로젝트시 반드시 염두에 두어야하는 부분은 구축비용과 함께 유지비용이다

모든 글로벌 RPA 솔루션은 구독방식Subscription으로 과금한다. 따라서 초기 도입비용에서 라이선스비용은 해당 제품을 계속 운영한다면 매년 지불해야 한다. 특히 2차, 3차 프로젝트를 도입하게 되면 일반적으로 더 많은 갯수의 과제에 적용하고 당연히 더 많은 라이선스를 지불해야 한다. 총소유비용TCO[6]을 반드시 고려하여 추진해야 하는 이유이다. 투자수익률ROI이 RPA를 추진하는 가장 큰 동력이었다고 한다며 더욱 신중하게 솔루션과 방법론을 검토후 진행해야 할 것이다

2

RPA 솔루션 구성

RPA 소프트웨어에는 세 가지 영역에 걸친 기능이 있다. 첫째, 봇Bot이 궁극적으로 수행할 워크플로우 및 프로세스의 생성. 둘째, 봇 자체. 셋째, 해당 봇의 관리 및 배포가 이에 해당된다. RPA 도구의 세 가지 영역 안에도 여러 가지 일반적인 기능이 있다. 여기서 봇은 소프트웨어 로봇을 지칭하며 아래와 같은 정의를 내릴 수 있다.

● — **소프트웨어 로봇**Software Robots

유비쿼터스 네트워크 환경에서 실세계 객체와 통신하며 언제 어디서나 상황에 맞는 정보와 서비스를 능동적으로 제공하는 새로운 지능형 소프트웨어이다. 소프트웨어 로봇은 일반 로봇과 마찬가지로 환경 정보를 센싱

하고 그 정보를 기반으로 할 일을 계획하며, 그 결과를 수행하거나 그 행위를 로봇이나 주변의 다른 기기에 대행하도록 한다. 또한 인간을 알아보고 인간의 말을 알아들으며, 언제 어디서나 서비스를 제공할 수 있으며, 현재 상황을 이해해서 그 상황에 맞는 서비스를 능동적으로 제공한다. 따라서 소프트웨어 로봇은 인간과 함께 생활하면서, 지적·감성적 동반자로서 개인 비서, 친구 또는 가정 집사의 역할을 하게 된다.

● ― 드래그 앤 드롭 워크플로우

많은 RPA 솔루션을 사용하면 드래그 앤 드롭[7] 방식의 시각적 편집기를 사용하여 워크플로우를 시각적으로 구축할 수 있다. 봇이 수행할 동작을 코딩할 필요가 없다. 이것은 기술적 배경이 없는 개발자나 운영자에게 도움이 된다.

● ― 워크플로우 기록

RPA 도구가 프로세스 구축을 단순화하는 또 다른 방법은 사용자가 수동 작업을 수행하여 스스로 기록할 수 있도록 하는 것이다. RPA 봇은 사용자가 수행한 정확한 작업을 모방하여 사용자가 수행하던 반복적이고 지루한 작업을 동일하게 수행한다.

● ― 사전 구축된 라이브러리

RPA 개발자 및 운영자가 보다 쉽게 사용할 수 있도록 많은 도구가 사전 구축된 라이브러리[8]로 제공되므로 사용자는, 봇이 작업할 프로세스를 빠르고 효율적으로 구축할 수 있다. 이 라이브러리는 드래그 앤 드롭 및 레코딩 환경의 일부로 사용자에게 단순성을 보장한다.

● ― 컴퓨터 비전 및 자연어 처리

대부분의 RPA 공급 업체는 도구에 인공지능 및 기계 학습 기능을 내장시킨다. 이러한 딥 러닝[9] 기능에는 컴퓨터 비전[10] 또는 자연어 처리[11]가 포함된다. 이를 통해 봇은 워크플로우 기록 중 표시되는 단어와 아이콘을 이해하고 프로세스를 정확하게 수행할 수 있다. 비즈니스 응용 프로그램과의 통합에서 회사는 종종 RPA 도구를 구현하여 CRM, ERP 시스템 및 회계 소프트웨어를 비롯한 다른 유형의 비즈니스 응용 프로그램 내에서 작업을 수행한다. 이러한 시스템과 함께 통합하고 작동하는 기능은 RPA 소프트웨어의 중요한 기능이다.

● ― 봇 예약

봇 배포를 미리 예약할 수 있다는 것은 RPA 소프트웨어의 중요한 기능이다. 사용자는 이벤트 타이밍에 따라 특정 프로세스를 수행해야 할 시기를 결정할 수 있으며, 사람의 행동으로 인해 봇이 해당 프로세스를 수행하도록 트리거할 수 있다.

● ― 봇 성능 분석

봇의 배포 및 예약이 중요할 뿐만 아니라 봇의 성능을 추적할 수 있는 것이 RPA 소프트웨어의 중요한 측면이다. RPA 솔루션은 봇이 정확하고 효율적으로 프로세스를 수행할 수 있도록 분석 및 대시 보드[12]를 제공한다.

Softomotive社의 'ProcessRobot'을 예를 들면, 다음과 같이 5가지 컴포넌트로 구성되며, 상호 유기적으로 연결되어 업무를 수행한다.

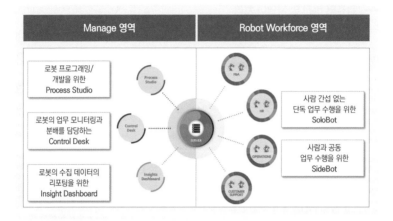

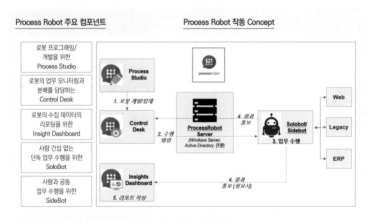

Solobot은 사람이 간섭하지 않아도 되는 업무 수행Unattended Automation
에 특화된 로봇으로, OSWindows 로그인 → 업무 수행 → 로그아웃 순의 단
독 업무 수행이 가능하다.

디지털 혁명, RPA의 습격

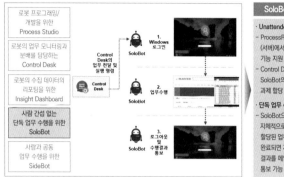

Sidebot은 사람과 공동으로 업무하는 로봇Attended Automation으로, Control Desk의 실행명령 없이 사용자의 판단으로 할당된 업무에 대해 수행 및 중지가 가능하다.

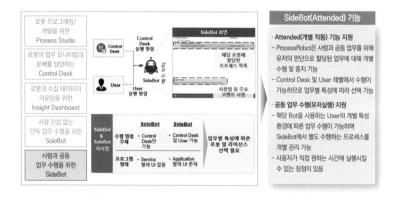

Control Desk는 전체 로봇의 업무 수행 상태를 관리하는 컴포넌트로, 실시간 로봇 현황 대시보드 및 각종 관리 기능을 제공한다.

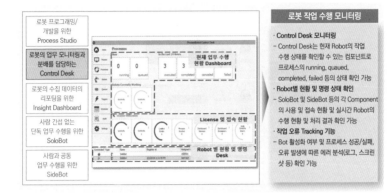

Insight Dashboard는 맞춤형 리포트를 생성할 수 있도록 Builder 기능을 제공하며, 로봇이 업무 수행 중 취득한 데이터와 결합하여 최종 리포트 생성이 가능하다.

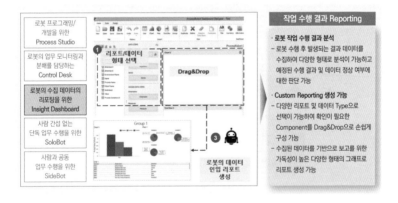

Process Studio 개발 툴에서 제공하는 약 600여 개의 Process Library 를 활용하여, 사용자가 원하는 활동에 대해 드래그 앤 드롭 방식으로 직관

디지털 혁명, RPA의 습격

적인 개발이 가능하다.

ProcessRobot은 Process Studio에서 Action을 결합하여 웹 자동화 프로세스를 만들 수 있으며 Web Recorder를 사용하여 편리하게 웹 관련 프로세스를 구축하는 것이 가능하다.

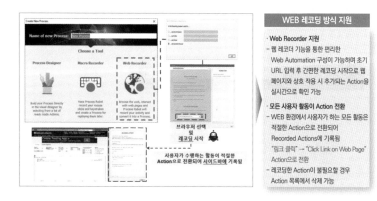

Process Studio를 통한 다양한 Action 작업 시 공통 데이터 저장 및 화면 세션, 실시간 데이터 저장 관리 등 다양한 유형의 변수Variables 기능 활용이 가능하다.

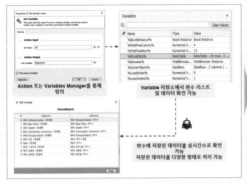

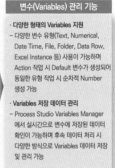

변수(Variables) 관리 기능

· 다양한 형태의 Variables 지원
– 다양한 변수 유형(Text, Numerical, Date Time, File, Folder, Data Row, Excel Instance 등) 사용이 가능하며 Action 작업 시 Default 변수가 생성되어 동일한 유형 작업 시 순차적 Number 생성 가능

· Variables 저장 데이터 관리
– Process Studio Variables Manager 에서 실시간으로 변수에 저장된 데이터 확인이 가능하며 후속 데이터 처리 시 다양한 방식으로 Variables 데이터 저장 및 관리 가능

ProcessRobot 및 Winautomation은 기존에 사용하기 복잡했던 스크립트나 프로그램 언어 없이 마우스 클릭 하나만으로 자동화 작업을 생성할 수 있다.

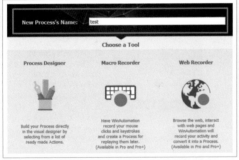

개발 편의 기능

· Process Designer
– 스크립트나 프로그래밍 하지 않고 이미 제작된 프로세스 동작을 선택하여 드래그 앤 드롭만으로 자동화 작업 디자인

· Macro/Web Recoder
– 데스크탑에서 수행하는 모든 동작을 녹화버튼을 켜고 작업을 진행하면 자동으로 해당 동작을 순서대로 실행하는 Macro를 제작

디지털 혁명, RPA의 습격

ProcessRobot은 공공/사설 클라우드, on-premises 등 어떠한 운영 환경에도 배포가 가능한 구조를 제공한다. 또한 Deployment 기능을 이용해 개발된 프로세스를 운영 로봇에 편리하게 배포 가능하다.

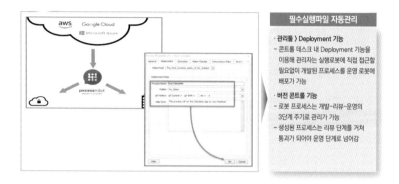

RPA 프로그램의 손쉬운 배포를 위해 WinAutomation은 실행 파일 생성 및 배포 기능을 제공한다. 생성된 실행 파일의 버전 변경 시 로봇 PC 운영 환경에서 자동으로 업데이트 가능하다.

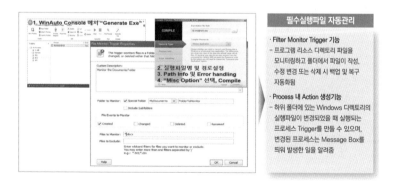

ProcessRobot은 4가지 레벨액션, 블록, 프로세스, 글로벌에서 예외를 관리하며, 예기치 않은 상황 발생 시 효율적으로 대응한다. 또한 자동 스냅샷을 통해 즉각적인 문제 해결 착수가 가능하다.

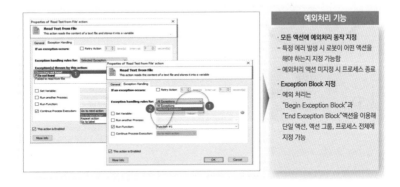

예기치 못한 상황 발생으로 로봇 프로세스가 비정상적으로 종료되면 프로세스 로봇 서버는 즉각적으로 종료 시점의 화면 캡처나 동영상을 저장하며, 동시에 지정된 동작 수행 또는 사용자에게 이메일로 오류 발생을 알려준다.

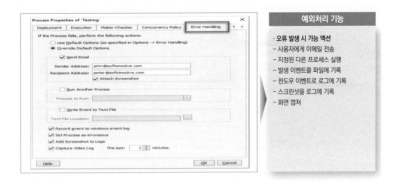

ProcessRobot에 내장된 스케줄러 기능을 이용해 특정일 실행 또는 반복적 주기 실행 등 로봇 작동 시점을 다양하게 제거 가능하다.

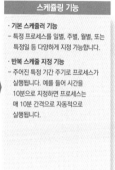

스케줄링 기능

· 기본 스케줄러 기능
– 특정 프로세스를 일별, 주별, 월별, 또는
특정일 등 다양하게 지정 가능합니다.

· 반복 스케줄 지정 기능
– 주어진 특정 기간 주기로 프로세스가
실행됩니다. 예를 들어 시간을
10분으로 지정하면 프로세스는
매 10분 간격으로 자동적으로
실행됩니다.

3

RPA 솔루션 기초 사용법 예시

Softomotive의 Process Robot 제품을 중심으로 사용법을 설명할 것이다. 2가지 예제를 통해 RPA 구축 작업을 살펴본다. 특정 과제를 완수하기 위한 각 단계를 제시하고 그것을 수행하기 위해 어떤 메뉴와 기능을 활용하는지 설명한다. 개발자를 위한 내용이므로 기획, 전략분야 독자는 다음 장으로 넘어가도 무방하다. Softomotive 제공 온라인 무료 교육영상을 수강하면 예제를 더욱 쉽게 이해할 수 있다. 교육영상에는 한글더빙도 있다.

1. https://academy.softomotive.com/pages/home 로그인
2. 메뉴에서 'Courses in Korean' 선택
3. 과정유형에서 'WinAutomation' 선택
4. 개발 및 관리 필수과정 - WinAutomation 선택, 수강
5. 고급 Process 개발 및 관리 - WinAutomation 선택, 수강

디지털 혁명, RPA의 습격

예제 01_ 웹에 있는 데이터를 엑셀에 저장하기Extract Web Data and Save to Excel

Step 1

네이버 데이터 랩 사이트(https://datalab.naver.com) 접속.

Tip. *'Launch New Internet Explorer' Action*

---

* *Launch New Internet Explorer Action*

- Description

• 웹 사이트나 웹 어플리케이션을 자동화하기 위해 새로운 인터넷 익스플
  로러 인스턴스를 시작하거나 이미 실행 중인 인터넷 익스플로러 인스턴
  스에 접속하는 액션이다.

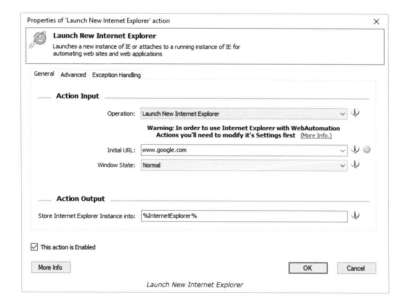

Launch New Internet Explorer

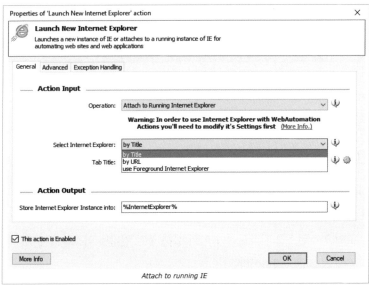

Attach to running IE

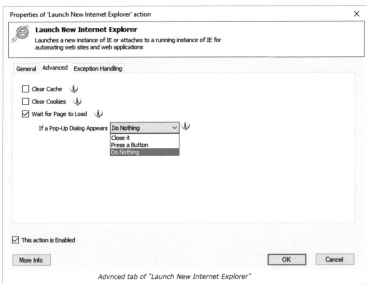

Advnced tab of "Launch New Internet Explorer"

- Properties:

- Operation: 작업하고자 하는 인터넷 익스플로러 타입을 선택한다. 웹 관련 업무의 자동화를 위해 인터넷 익스플로러를 사용하고자 한다면 보안 설정을 먼저 한다.
- Initial URL: 웹 브라우저가 시작되자마자 방문할 웹 사이트의 URL을 입력
- Window State: 웹 브라우저 창의 상태normal/minimized/maximized를 선택
- Attach to Internet Explorer Tab: 인터넷 익스플로러 탭에 접근할 때 제목으로 할 것인지, URL로 할 것인지, 아니면 포어그라운드 윈도우에서 실행 중인 인터넷 익스플로러의 활성화된 탭에 접근할 것인지를 선택
- Tab Title: 접근하고자 하는 인터넷 익스플로러 탭의 제목을 명시. 드롭다운 리스트에 있는 현재 열려 있는 IE 탭의 제목 중에서 선택
- Tab URL: 접근하고자 하는 IE 탭의 URL을 입력
- Store Internet Explorer Instance into: 이후 웹 자동화 액션을 위해 사용할 특정 인터넷 익스플로러 인스턴스를 저장할 변수를 입력
- Clear Cache: 웹 브라우저 시작 후 캐시를 전부 지울 것인지를 선택
- Clear Cookies: 웹 브라우저 시작 후 쿠키를 전부 지울 것인지를 선택
- Wait for Page to Load: 다음 액션을 수행하기 전에 새로운 웹 페이지가 완전히 로드될 때까지 프로세스가 대기하도록 할 것인지 선택
- If a pop-up dialog appears: 첫 웹 페이지를 로드하는 동안 팝업창이 뜨면 프로세스가 무엇을 하도록 할 것인지 선택

'급상승 검색어' 버튼을 클릭하여 해당 사이트로 이동.

Tip. '*Click Link on Web Page*' *Action*

해당 사이트의 '달력' 이미지 클릭.

Tip. '*Click Link on Web Page*' *Action*

달력의 '오늘' 이미지 버튼을 클릭.

Tip. '*Click Link on Web Page*' *Action*

디지털 혁명, RPA의 습격

* Click Link on Web Page Action

- Description:

• 웹 페이지상의 링크나 다른 요소들을 클릭하는 액션이다.

- Properties:

• Control: Repository 버튼에서 컨트롤을 클릭하고 선택하면 모든 컨트롤이 나타난다. 카메라 아이콘에 마우스 포인터를 갖다 대면 컨트롤 이미지를 미리보기 할 수 있다.

• Wait for Page to Load: 링크를 클릭한 후 새로운 웹 페이지가 완전히 로드될 때까지 프로세스가 대기하도록 할 것인지를 선택

• If a pop-up dialog appears: 링크를 클릭한 후 팝업창이 뜨면 프로세스가 무엇을 하도록 할 것인지 선택

Step 5

'시간' 부분의 text field에 10을 입력.

Tip. 'Populate Text Field on Web Page' Action

Step 6

'분' 부분의 text field에 00을 입력.

Tip. 'Populate Text Field on Web Page' Action

* Populate Text Field on Web Page Action

- Description:

• 웹 페이지상의 텍스트 필드에 특정 텍스트를 입력하는 액션이다.

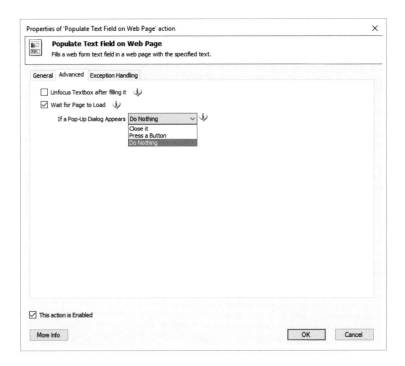

- Properties:

• Web Browser Instance: 작업하고자 하는 웹 브라우저 인스턴스를 저장한 변수를 입력한다. 이 변수는 Launch New Internet Explorer 액션을 통해 미리 정의되어 있어야 한다.

• Control: Repository 버튼에서 컨트롤을 클릭하고 선택하면 모든 컨트롤이 나타난다. 카메라 아이콘에 마우스 포인터를 갖다 대면 컨트롤 이미지를 미리보기 할 수 있다.

• Text to Fill-In: 입력할 텍스트를 입력

• Emulate Typing: 텍스트 박스 값을 설정함으로써 텍스트를 한 번에 채울 것인지, 아니면 글자를 하나씩 보내서 마치 사용자가 타이핑하는 것처럼

입력할 것인지를 선택

- Unfocus Text after filling it: 텍스트 입력 후 텍스트 박스 포커스를 해제할 것인지를 선택한다. 만약 자동완성 목록을 스크래핑할 계획이라면 체크 박스를 해제한 채로 둔다.
- Wait for Page to Load: 텍스트 필드를 입력한 후 새로운 웹 페이지가 완전히 로드될 때까지 프로세스가 대기하도록 할 것인지를 선택
- If a pop-up dialog appears: 텍스트 필드를 입력한 후 팝업창이 뜨면 프로세스가 무엇을 하도록 할 것인지 선택

확인 버튼을 클릭.

Tip. 'Click Link on Web Page' Action

* *Click Link on Web Page Action*

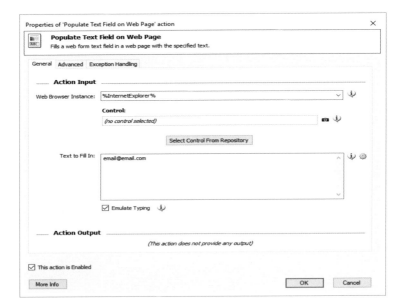

디지털 혁명, RPA의 습격

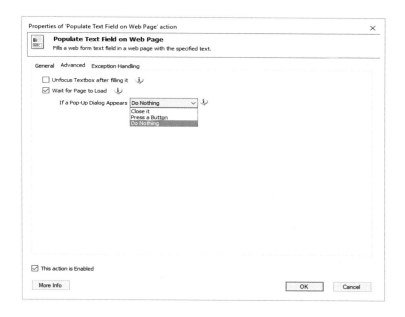

'연령대별 실시간 검색어 순위'를 Extract하여 변수 타입 'Data Table', 변수 이름
'Ranking'으로 저장.

Tip. 'Extract Data from Web Page' Action

웹 페이지에서 데이터를 추출하는 것은 Web Automation의 큰 부분
이다. ProcessRobot에는 "Extract Data from Web Page"만큼 더 중요하
고 유용한 4가지 작업이 있다. 다른 작업을 통해 웹 페이지 요소를 스크린
샷하거나 제목이나 HTML 소스와 같은 웹 페이지의 세부 정보를 검색하고
마지막으로 웹 페이지 요소 또는 텍스트의 HTML 속성을 검색할 수 있다.

테이블이나 목록 형식으로 페이지에 표시된 정보를 검색하는 방법을
소개하겠다. 이제 "Extract Data from Web Page" 액션이 시작된다.

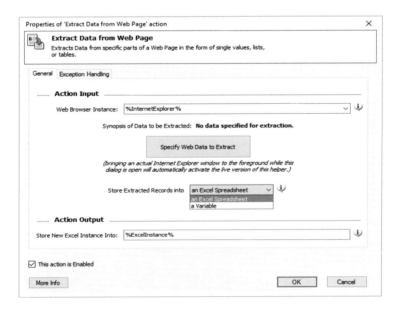

다른 웹 관련 작업과 마찬가지로 먼저 데이터를 추출할 페이지가 포함된 웹 브라우저 인스턴스를 지정해야 한다. 다음 단계는 데이터 자체를 지정하고 마지막으로 추출된 데이터가 저장될 위치를 선택하는 것이다. 기본값은 새로 생성된 엑셀 스프레드시트에 기록된다. 컴퓨터에 Microsoft Excel이 설치되어 있어야 한다. 또는, 프로세스를 가공하기 위해 나중에 액션을 통해 변수를 데이터에 저장할 수 있다. 추출된 데이터는 다음 형식 중 하나이다.

- **단일 값**: 제품에 대한 정보가 포함된 웹 페이지에서 제품 이름만 추출한다고 가정해보자. 이 경우 추출된 데이터가 변수에 저장되면 이 변수에는 텍스트 값이 포함된다.
- **직접 선택한 (다중) 값**: 앞의 예에서 제품 이름뿐 아니라 설명 및 가격도 추출하도록 선택했다. 이 경우 세 개의 별도 값이 추출되고 결과 변수는 DataRow 유형의 값을 보유한다. 다음 양식을 사용하여 검색된 값 각각에 액세스할 수 있다. %DataFromWebPage[...] % 대괄호 안에는 숫자 또는 값의 이름을 입력할 수 있다.
- List: 제품 정보가 포함된 페이지가 아니라 모든 제품 목록이 포함된 페이지에서 표시된 모든 제품 이름을 검색하도록 선택하면 목록이 만들어진다. 결과적으로 추출된 데이터를 보유하는 변수는 List 유형이다.
- **표**: 제품 목록이 들어 있는 이전 웹 페이지 예제에서 각 제품의 이름과 가격을 모두 검색하도록 선택했다. 이 경우 결과 변수는 각 행과 두 개의 열에 있는 제품(첫 번째 열에 제품 이름이 저장되고 두 번째 열에 제품 가격이 저장된다.)의 DataTable을 보유한다.

웹 페이지에서 추출할 데이터를 지정하려면 Data Extraction Web Helper를 사용해야 한다. 대상 데이터는 웹 도우미의 라이브 버전 또는 표준 버전을 사용하여 지정할 수 있다. Live Web Helpers는 기존 Internet Explorer 창에서 편리하게 작동한다. "Extract data from Web Page" 액션을 designer에서 열고 관심 있는 Internet Explorer를 클릭한다. 반면 표준 웹 도우미는 브라우저 창 자체이며 "Specify Web Data to Extract"를 눌러 연다. "Specify Data to Extract" 버튼을 클릭하면 웹 도우미 창이 나타난다.

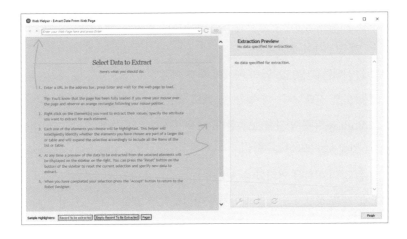

이 창은 웹 브라우저인 왼쪽 창과 추출을 위해 선택된 데이터의 미리보기를 표시하는 오른쪽 사이드 바, 두 부분으로 구성된다. Web Helper와 마찬가지로, 첫 번째 단계는 검색 주소창에 URL을 입력하고 추출할 데이터가 들어 있는 페이지로 이동하는 것이다.

다음으로, 검색하려는 페이지의 요소를 마우스 오른쪽 단추로 클릭하고 추출할 속성을 선택하기만 하면 된다. 대부분의 경우 요소의 텍스트를 추출하려고 하지만 검색할 HTML 속성을 지정하도록 선택할 수도 있다.

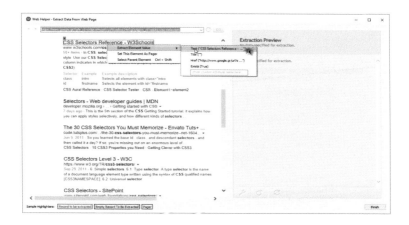

언제든지 "Accept" 버튼을 눌러 추출할 데이터를 선택하거나 더 많은 요소를 선택하여 계속 진행할 수 있다. 선택한 요소에 따라 웹 도우미가 선택 영역을 확장하거나 확장하지 않을 수도 있다. 예를 들어, 선택한 다음 요소가 이전 스크린샷에서 선택한 요소의 URL인 경우스크린샷의 녹색 표기 두 개의 요소만 선택된다.

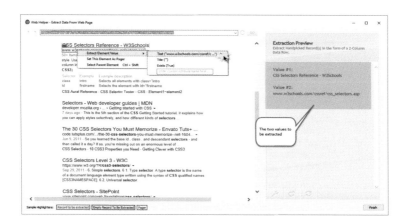

그러나 두 번째 요소가 다른 검색 결과 제목인 경우 ProcessRobot은 목록을 추출하고 목록의 모든 항목으로 선택 항목을 확장한다는 것을 감지한다.

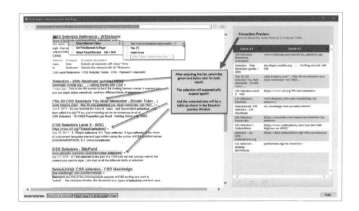

오른쪽 사이드 바에 목록 형식으로 추출할 데이터의 미리보기가 나타난다. 이제 목록을 추출하기로 지정했다. 추가 요소를 선택하면 Process-Robot은 이미 목록에 있는 각 요소에 해당하는 데이터를 추출하여 테이블 형식으로 결과를 표시한다.

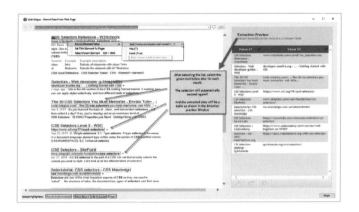

디지털 혁명, RPA의 습격

추가 요소를 선택하면 테이블에 추가 열이 생긴다. 미리보기 세로 막대에서 열 이름을 클릭하여 편집할 수 있다. 데이터가 여러 페이지에 걸쳐 있으면 다음 페이지를 가리키는 "Next" 링크가 있다. 해당 링크를 마우스 오른쪽 버튼으로 클릭하고 "Set This Element As Pager"를 선택할 수 있다. 이렇게 하면 ProcessRobot은 런타임 첫 번째 페이지에서 데이터를 검색하지 않고 다음 페이지에서도 같은 데이터를 계속 검색한다.

언제든지 "Reset" 버튼을 눌러 지금까지 선택한 항목을 삭제하고 다시 시작할 수 있다. "Advanced Settings" 버튼을 눌러 추출해야 하는 정보를 지정하는 웹 도우미에 의해 생성된 CSS 선택기를 검사하고 수정할 수도 있다.

마지막으로 "Recalculate Now" 버튼을 눌러 현재 선택 항목을 기반으로 웹 페이지에서 추출할 데이터를 강조 표시할 수 있다. 예를 들어, 제품에 대한 정보가 포함된 웹 페이지에서 추출할 요소를 선택하는 경우에 유용하다. 그런 다음 다른 제품에 대한 정보가 있는 페이지를 방문하여 "Recalculate Now" 버튼을 클릭하여 해당 정보가 두 번째 페이지에서도 검색되도록 할 수 있다.

앞서 언급했듯이 추출하려는 데이터를 선택하고 나면 "Accept" 버튼을 눌러 액션의 속성 대화 상자로 돌아갈 수 있다. 관심 있는 페이지로 마우스 포인터를 이동하는 동안 "Extract data from Web Page" 액션을 실행하면 실제 IE에서 웹 데이터 추출을 실행할 수 있다. 웹 페이지를 클릭하면 "Live Web Helper - Extract Data From Web Page" 창이 열린다. 이 창에서 추출된 데이터를 미리 볼 수 있다.

- List 추출

웹 페이지에서 사용 가능한 모든 결과의 제목을 추출하고자 한다고 가정해보자. "Extract data from Web Page" 액션이 열리면 페이지에 마우스를 올리거나 빈 영역을 클릭한다. 그런 다음 첫 번째 결과를 마우스 오른쪽 버튼으로 클릭하고 아래의 스크린샷과 같이 텍스트를 추출한다.

두 번째 결과와 목록에 대해 동일한 작업을 수행하면 모든 항목의 텍스트 목록이 자동으로 추출된다. "Advanced Settings" 아이콘을 클릭하면 CSS 선택기를 검토하여 수정할 수 있으며 더 효율적으로 사용할 수 있다.

1. 목록을 추출하는 동안 볼 수 있듯이 Base Selector와 CSS selector가 있다. 기본 선택기는 목록의 항목이 나열되는 HTML 코드의 루트 요소이다. 이것은 추출이 ".....div:eq(1) 〉 ul 〉 li"에서 시작된다

는 것을 의미한다.

2. 목록 "…div:eq(1) 〉 ul 〉 li"의 각 목록 항목에 대해 "h3〉 a" 요소를 가져온다.

3. 추출 중인 속성은 "Own Text"이며 "Title", "Href", "SourceLink", "Exists" 또는 기타 Attribute는 이 요소의 페이지 HTML 코드에서 사용할 수 있다.

4. 추출된 텍스트의 일부만을 얻기 위해 추출된 텍스트에 정규 표현식을 적용하는 옵션도 있다.

선택기를 손으로 변경하면 "Recalculate now" 버튼을 클릭하여 추출의 결과를 볼 수 있다.

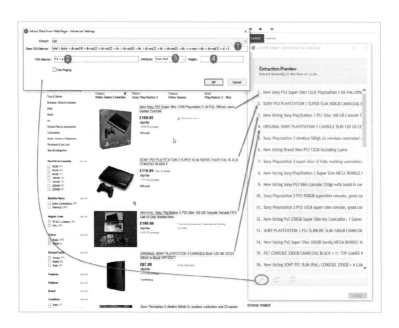

- Table 추출

각 결과에 대해 하나 이상의 정보를 추출하려면 표를 추출해야 한다. 제품의 제목, 그 뒤에 있는 링크 및 가격을 추출하고자 한다고 가정해보자. 첫 번째 결과를 얻으려면 제목을 마우스 오른쪽 버튼으로 클릭하고 'Text' 를 추출한 다음 마우스 오른쪽 버튼을 다시 클릭하여 'Href'를 추출하고 가 격 요소를 마우스 오른쪽 버튼으로 클릭하여 'Text'를 추출한다.

두 번째로 결과/제품으로 이동하면 추출 미리보기 창에서 표가 자동으 로 작성된다. 테이블의 경우, List 추출과 동일한 개념으로 HTML 코드의 루트 요소인 기본 CSS 선택기가 있으며 여기에는 각 결과/제품의 데이터 가 존재한다. 즉, 추출은 "…..div:eq(1) 〉 ul 〉 li"에서 시작한다. 각 항목 또 는 항목에 대한 추출이다.

- h3 〉 a Attribute "Own Text"
- h3 〉 a Attribute "Href"
- ul:eq(0) 〉 li:eq(0) 〉 span Attribute "Own Text"

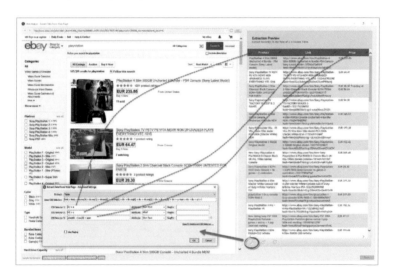

- 추출할 속성

"Extraction Preview" 창의 "Advanced Settings" 속성 필드의 드롭 다운 목록에 나열된 속성 이외에, 요소에 있는 다른 속성을 지정할 수 있다. 예를 들어 페이지의 HTML 코드에 있는 요소가 다음과 같은 경우다.

〈li class="sresult lvresult clearfix li shic" id="item463b90d307"
_sp="p2045573.m1686.l2210" r="3" listingid="301647057671"〉.......〈/li〉

그런 다음 특성 드롭 다운 목록에서 클래스를 추출하려면 "class"를, ID를 추출하려면 "id" 등으로 작성할 수 있다.

- 참고

요소의 일반 HTML 코드와 그 모든 하위 요소를 추출할 수 있습니다. – "outerhtml"을 작성해야 한다.

"innerhtml"이라고 쓰면 요소의 모든 하위 요소의 일반 HTML 코드를 추출할 수 있다.

추출된 코드에 정규 표현식을 적용하여 이 요소의 html에 있는 정보를 추출하려는 경우 매우 유용하다. 검색 결과가 한 페이지 이상 반환된 후 웹 페이지에서 데이터를 추출해야 하는 경우가 자주 있다. 이 경우 모든 페이지 또는 여러 페이지로 추출을 수행한다.

요소를 "Pager"로 설정하도록 선택하면 "Extract Data from Web Page" 액션으로 이 작업을 수행할 수 있다. 아래 그림과 같이 호출기 요소를 마우스 오른쪽 버튼으로 클릭하고 "Set This Element As Pager"을 선택할 수 있다. 그러면 데이터 추출 시 프로세스는 "next page" 버튼을 계속 누르고 pager 요소가 활성화되어 웹 페이지에 나타날 때까지 설정한 내용을 추출한다.

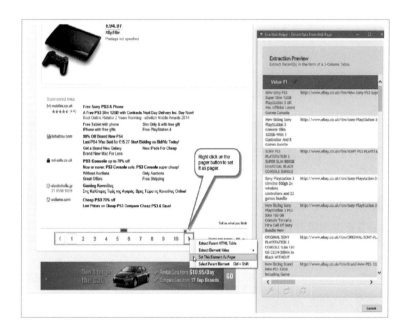

호출기의 CSS 선택기는 추출 미리보기 창에 대한 "Advanced Settings"에 표시된다. CSS 선택기에 익숙하고 id 및 클래스 속성을 사용하여 100% 일관성 있게 만들 수 있다면 이 속성을 수정하고 직접 사용할 수 있다. 추출할 데이터를 설정했으면 "Commit"을 누른다. "Extract Data from Web Page" 액션으로 돌아가서 결과를 추출할 수 있다.

• 사용 가능한 모든 페이지에서 결과가 없으면 추출이 완료된다.
• 첫 번째 'X' 웹 페이지만 해당한다. 즉, 추출은 X 웹 페이지에서 데이터

를 추출한 후 완료된다.

새 엑셀 파일 Launch.

Tip. 'Launch Excel' Action

---

* Launch Excel Action

- Description

• 새 엑셀 인스턴스를 시작하고 엑셀 문서를 여는 액션이다.

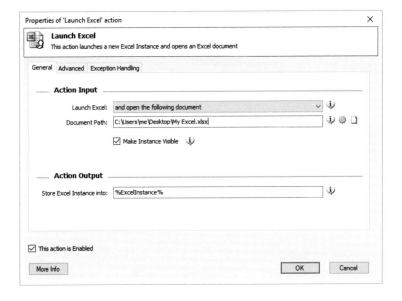

- Properties

• Launch Excel: 새 엑셀 문서를 열 것인지, 이미 존재하는 문서를 열 것인지 선택한다.

• Document Path: 열고자 하는 엑셀 문서의 전체 경로를 입력한다.

- Make Instance Visible: 엑셀 창을 보이게 할 것인지, 숨길 것인지 선택한다. 이는 사용자에게 엑셀 화면이 보이게 할 것인지에 대한 문제일 뿐, ProcessRobot의 엑셀 수행 능력에 영향을 미치지는 않는다.
- Store Excel Instance into: 이후 액션에서 사용하기 위해, 엑셀 인스턴스를 저장할 변수의 이름을 입력한다. 이는 접근 가능한 여러 스프레드시트 중에서 접근하고자 하는 스프레드시트를 명시할 수 있도록 해준다.

- Cautions
- 엑셀 관련 작업이 정확하게 수행되려면 프로세스가 실행되는 컴퓨터에 Microsoft Excel이 설치되어 있어야 한다.

엑셀 파일 A1 셀에 오늘 날짜 작성.

Tip. 'Get Current Date and Time', 'Write to Excel Work Sheet' Action)

앞에서 선언한 변수 타입 'Data Table', 변수 이름 'Ranking'을 2행 A2 셀에 작성.

* Write to Excel Worksheet

- Description

• 이전에 시작한 엑셀 인스턴스의 특정 셀이나 특정 범위의 셀에 값이나 내용을 입력하는 액션이다.

- Properties

• Excel Instance: 작업하고자 하는 엑셀 인스턴스가 저장된 변수를 입력한다. 이전에 Launch Excel 액션을 통해 이 변수를 정의해두었을 것이다.

• Value to Write: 삽입할 텍스트, 숫자, 이미 정의된 변수 등을 입력한다.

변수가 테이블을 포함하고 있다면, 그것은 셀들을 우하향으로 채워나갈 것이고, 필요 시 다른 셀 데이터를 덮어쓸 것이다.

- Write Mode: 특정 셀에 입력할 것인지, 아니면 현재 활성화된 셀에 입력할 것인지를 드롭 다운 메뉴에서 선택한다. 후자의 경우, 입력하고자 하는 셀의 위치를 미리 알 수 없을 때 유용하다.
- Cell Column: 값이나 내용을 입력할 셀의 컬럼 값을 숫자로 입력한다.
- Cell Row: 값이나 내용을 입력할 셀의 행 값을 숫자로 입력한다.

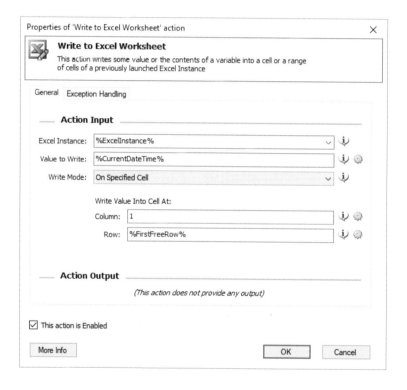

해당 엑셀 파일을 바탕화면에 'Ranking.xlsx'로 저장하고 닫기.

Tip. 'Close Excel' Action

---

* Close Excel Action

- Description

• 이전에 시작했던 엑셀 인스턴스를 닫는 액션이다.

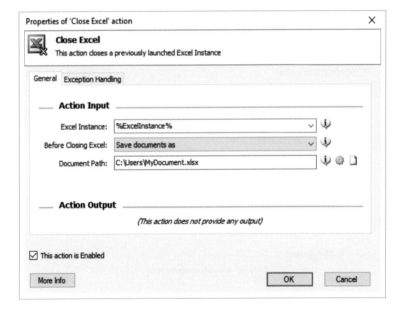

- Properties

• Excel Instance: 닫고자 하는 엑셀 인스턴스가 저장된 변수를 입력한다.
  이전에 Launch Excel 액션을 통해 이 변수를 정의해두었을 것이다.

- Before Closing Excel: 이 인스턴스를 닫기 전에 문서를 저장할 방법을 선택한다.
- Document Path: 문서를 저장할 전체 경로를 입력/선택한다.

- Cautions
- 엑셀 관련 작업이 정확하게 수행되도록, 프로세스가 실행되는 컴퓨터에 Microsoft Excel이 설치되어 있어야 한다.

웹 브라우저 닫기.

(Tip: 'Close Web Browser' Action)

---

* Close Web Browser

- Description

• 이전에 Launch new Internet Explorer/Firefox/Chrome 액션을 통해 열어 놓은 웹 브라우저 창을 닫는 액션이다.

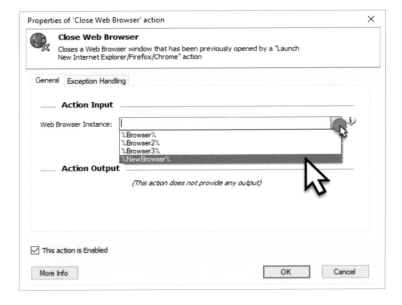

- Properties

• Web Browser Instance: 닫고자 하는 웹 브라우저 인스턴스를 포함하는 변수를 드롭 다운 메뉴에서 선택한다.

예제 02_ 네이버 데이터 랩을 이용하여 주요 물류사 검색어 추이 다운로드 및 엑셀 정리

바탕화면에 Datalab 폴더를 만들어 놓고, 해당 PPT에 첨부된 test.xlsx 파일을 Datalab 폴더에 저장.

네이버 데이터 랩 사이트(https://datalab.naver.com) 접속.

Tip. 'Launch New Internet Explorer' Action

---

* Launch New Internet Explorer Action

- Description

- 웹 사이트나 웹 어플리케이션을 자동화하기 위해 새로운 인터넷 익스플로러 인스턴스를 시작하거나 이미 실행 중인 인터넷 익스플로러 인스턴스에 접속하는 액션이다.

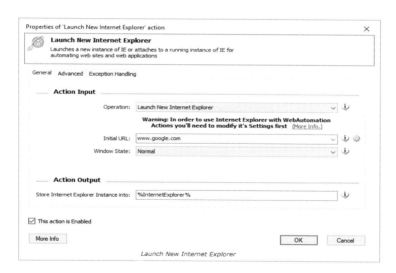

Launch New Internet Explorer

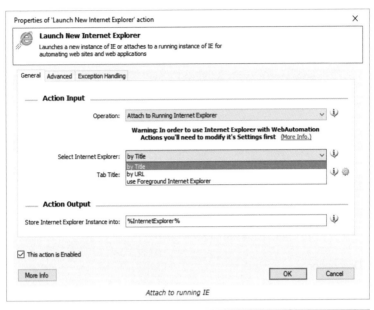

Attach to running IE

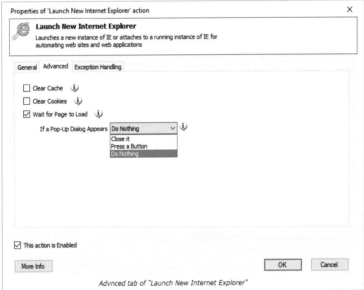

Advnced tab of "Launch New Internet Explorer"

디지털 혁명, RPA의 습격

- Properties

- Operation: 작업하고자 하는 인터넷 익스플로러 타입을 선택한다. 웹 관련 업무의 자동화를 위해 인터넷 익스플로러를 사용하고자 한다면 보안 설정을 먼저 해야 한다.
- Initial URL: 웹 브라우저가 시작되자마자 방문할 웹 사이트의 URL을 입력한다.
- Window State: 웹 브라우저 창의 상태(normal/minimized/maximized)를 선택한다.
- Attach to Internet Explorer Tab: 인터넷 익스플로러 탭에 접근할 때 제목으로 할 것인지, URL로 할 것인지, 아니면 포어그라운드 윈도우에서 실행 중인 인터넷 익스플로러의 활성화된 탭에 접근할 것인지를 선택한다.
- Tab Title: 접근하고자 하는 인터넷 익스플로러 탭의 제목을 명시한다. 드롭 다운 리스트에 있는 현재 열려 있는 IE 탭의 제목 중에서 선택하면 된다.
- Tab URL: 접근하고자 하는 IE 탭의 URL을 입력한다.
- Store Internet Explorer Instance into: 이후 웹 자동화 액션을 위해 사용할 특정 인터넷 익스플로러 인스턴스를 저장할 변수를 입력한다.
- Clear Cache: 웹 브라우저 시작 후 캐시를 전부 지울 것인지를 선택한다.
- Clear Cookies: 웹 브라우저 시작 후 쿠키를 전부 지울 것인지를 선택한다.
- Wait for Page to Load: 다음 액션을 수행하기 전에 새로운 웹 페이지가 완전히 로드될 때까지 프로세스가 대기하도록 할 것인지를 선택한다.
- If a pop-up dialog appears: 첫 웹 페이지를 로드하는 동안 팝업창이 뜨면 프로세스가 무엇을 하도록 할 것인지 선택한다.

바탕화면에 Datalab 폴더를 만들어 놓고, 해당 PPT에 첨부된 test.xlsx 파일을 Datalab 폴더에 저장.

– 범위 및 성별, 총 6개의 Case이므로 0~5까지 Loop 설정.

Loops Action

이 액션은 특정 횟수 동안 액션블록을 반복한다.

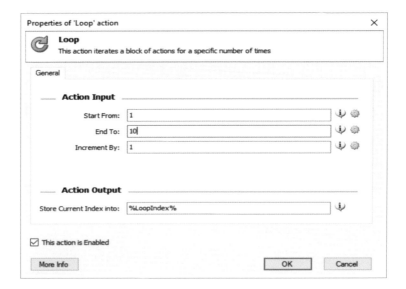

디지털 혁명, RPA의 습격

- Properties

• Start From: 루프 카운터의 시작점을 설정한다.

• End to: 루프 카운터의 끝점을 설정한다.

• Increment By: 루프 카운터가 증가하는 증분을 설정한다.

• Store Current Index into: Start From 값에서 시작하여 현재 색인을 저장할 변수가 될 이름을 입력한다. 이 변수의 값은 각 반복마다 증분에 따라 변경된다.

For Each Action

- Description

• 이 조치는 목록의 항목을 반복한다.

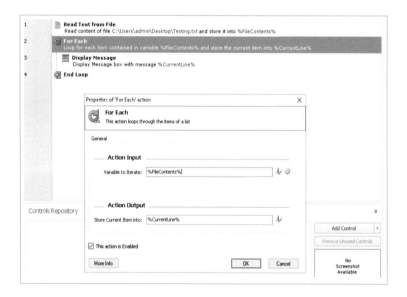

- Properties

• Variable to Iterate: 목록, 데이터 테이블 또는 데이터 행을 포함하는 이전에 작성된 변수를 입력한다. 루프의 작업은 목록의 각 항목, 테이블의 각 행 또는 데이터 행의 각 열 (셀)에 대해 한 번씩 실행된다.

• Store Current Item into: 나중에 루프에서 수행할 때 현재 항목(항목, 행 또는 셀)을 저장하려는 변수가 될 이름을 입력한다.

Step 3

'CJ대한통운', '우체국 택배', '롯데 택배', '한진 택배', '로젠 택배' 등 해당 단어들을 주제어로 설정.

Tip. 'Populate Text Field on Web Page' Action

* *Populate Text Field on Web Page Action*

- Description

• 웹 페이지상의 텍스트 필드에 특정 텍스트를 입력하는 액션이다.

디지털 혁명, RPA의 습격

- Properties

- Web Browser Instance: 작업하고자 하는 웹 브라우저 인스턴스를 저장한 변수를 입력한다. 이 변수는 Launch New Internet Explorer 액션을 통해 미리 정의되어 있어야 한다.

- Control: Repository 버튼에서 컨트롤을 클릭하고 선택하면 모든 컨트롤이 나타난다. 카메라 아이콘에 마우스 포인터를 갖다 대면 컨트롤 이미지를 미리보기 할 수 있다.

- Text to Fill-In: 입력할 텍스트를 입력한다.

- Emulate Typing: 텍스트 박스 값을 설정함으로써 텍스트를 한번에 채울 것인지, 아니면 글자를 하나씩 보내 마치 사용자가 타이핑하는 것처럼 입력할 것인지를 선택한다.

- Unfocus Text after filling it: 텍스트 입력 후 텍스트 박스 포커스를 해제할 것인지를 선택한다. 만약 자동완성 목록을 스크래핑할 계획이라면 체크 박스를 해제한 채로 둔다.

- Wait for Page to Load: 텍스트 필드를 입력한 후 새로운 웹 페이지가 완전히 로드될 때까지 프로세스가 대기하도록 할 것인지를 선택한다.

- If a pop-up dialog appears: 텍스트 필드를 입력한 후 팝업창이 뜨면 프로세스가 무엇을 하도록 할 것인지 선택한다.

검색어 기간을 '월간'으로 설정.

Tip. *'Click Link on Web Page'* Action

* *Click Link on Web Page Action*

- Description

• 웹 페이지상의 링크나 다른 요소들을 클릭하는 액션이다.

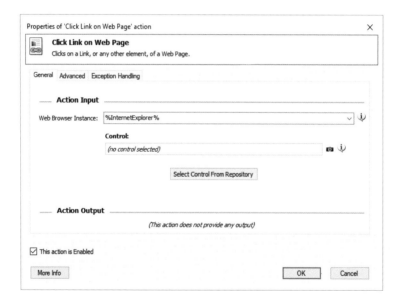

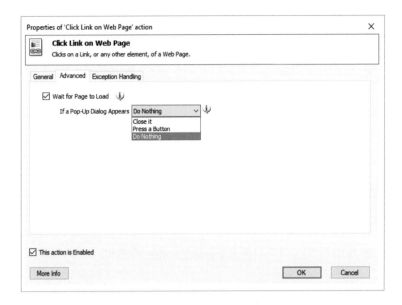

- Properties

• Control: Repository 버튼에서 컨트롤을 클릭하고 선택하면 모든 컨트롤
이 나타난다. 카메라 아이콘에 마우스 포인터를 갖다 대면 컨트롤 이미
지를 미리보기 할 수 있다.

• Wait for Page to Load: 링크를 클릭한 후 새로운 웹 페이지가 완전히 로
드될 때까지 프로세스가 대기하도록 할 것인지를 선택한다.

• If a pop-up dialog appears: 링크를 클릭한 후 팝업창이 뜨면 프로세스가
무엇을 하도록 할 것인지 선택한다.

검색어 조건('범위', '성별')을 설정.

Tip. '*If*', '*Else if*', '*Set Checkbox State on Web Page*' Action

* If Action

- Description

• 조건 블록의 시작을 나타내는 액션이다.

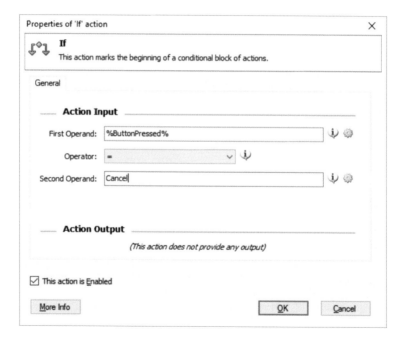

- Properties

- First Operand: 두 번째 피연산자와 비교할 텍스트나 숫자 등의 값, 혹은 변수를 입력한다.
- Operator: 첫 번째 피연산자와 두 번째 피연산자 간의 관계를 선택한다.
- Second Operand: 첫 번째 피연산자와 비교할 텍스트나 숫자 등의 값, 혹은 변수를 입력한다.

Else Action

- Description

- 이전의 If 액션에서의 조건을 충족하지 않는 경우 수행될 액션 블록의 시작을 나타낸다.

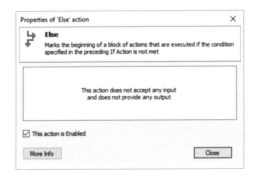

Else If Action

- Description

- 이전의 If 액션에서의 조건을 충족하지 않고, 여기서의 조건을 충족하는 경우 수행될 액션 블록의 시작을 나타낸다.

디지털 혁명, RPA의 습격

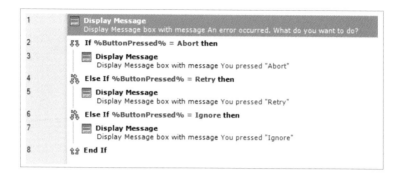

1	Display Message Display Message box with message An error occurred. What do you want to do?
2	If %ButtonPressed% = Abort then
3	Display Message Display Message box with message You pressed "Abort"
4	Else If %ButtonPressed% = Retry then
5	Display Message Display Message box with message You pressed "Retry"
6	Else If %ButtonPressed% = Ignore then
7	Display Message Display Message box with message You pressed "Ignore"
8	End If

- 이 액션은 If/End If 블록 내에서만 쓰일 수 있으며 항상 "Else" 액션 앞에 위치한다는 것 외에는 "If" 액션과 거의 비슷하다.

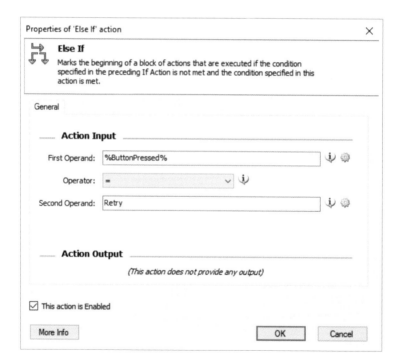

* End If Action

- Description

  • 조건문의 끝을 표시하는 액션이다.

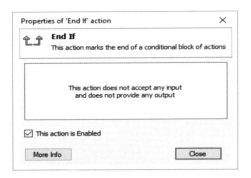

* Set Checkbox State in Window Action

- Description

  • 윈도우 창 내의 체크박스를 체크/체크 해제하는 액션이다.

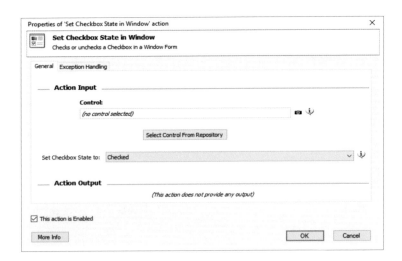

디지털 혁명, RPA의 습격

- Properties

• Control: Select Control Form Repository 버튼을 클릭하면 컨트롤들이 나타난다. 컨트롤의 이미지를 미리보기 하려면 카메라 아이콘에 마우스를 갖다 대면 된다.

• Set Checkbox State to: 체크박스를 체크할지 해제할지 선택한다.

Step 6

'네이버 검색 데이터 조회' 버튼 클릭.

Tip. 'Click Link on Web Page' Action

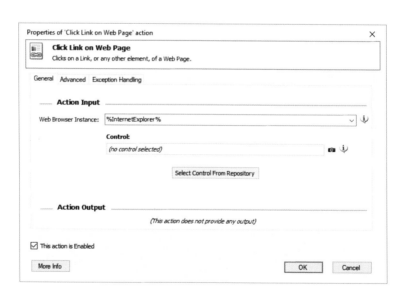

데이터 조회를 통해 나온 그래프를 캡처하여 클립보드에 저장.

Tip. 'Take Screenshot of Web Page' Action

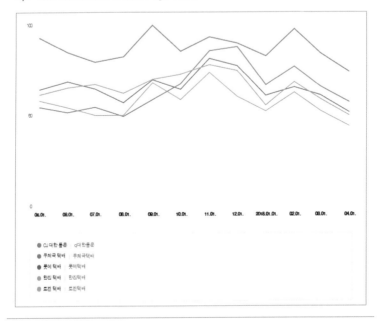

* *Take Screenshot of Web Page Action*

- Description

• 현재 나타나는 웹 페이지 스크린샷을 찍어 파일이나 클립보드에 저장하
  는 액션이다.

- Properties

• Web Browser Instance: 작업하고자 하는 웹 브라우저 인스턴스를 저장

한 변수를 입력한다. 이 변수는 Launch New Internet Explorer 액션을 통해 미리 정의되어 있어야 한다.

- Operation: 웹 페이지 전체를 캡처할지, 아니면 일부만 캡처할지 선택한다.
- Control: Repository 버튼에서 컨트롤을 클릭하고 선택하면 모든 컨트롤이 나타난다. 카메라 아이콘에 마우스 포인터를 갖다 대면 컨트롤 이미지를 미리보기 할 수 있다.
- Save Captured Image to: 이미지를 파일에 저장할지, 아니면 클립보드에 저장할지 선택한다.
- Image File: 캡처된 이미지가 저장될 파일의 전체 경로를 설정한다.
- Image Format: 저장될 이미지 파일의 형식을 설정한다.

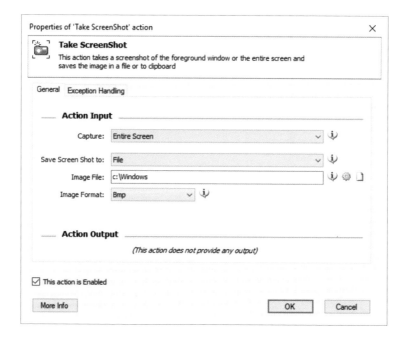

다운로드 버튼을 클릭하여 해당 데이터를 %LoopIndex%.xlsx로 저장.

Tip. 'Click Link on Web Page', 'Click Element in Window',

 'Populate Text Field in Window' Action

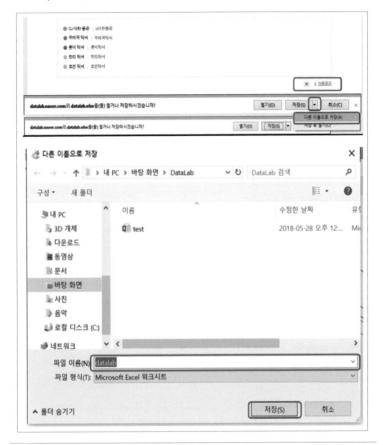

Click Link on Web Page Action

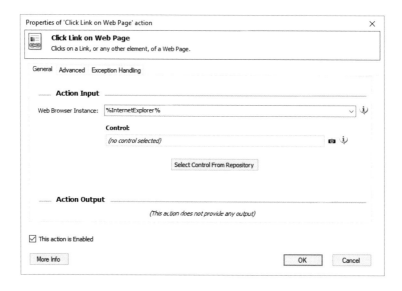

* Click Element in Window Action

- Description

• 윈도우 창의 특정 요소를 클릭하는 액션이다.

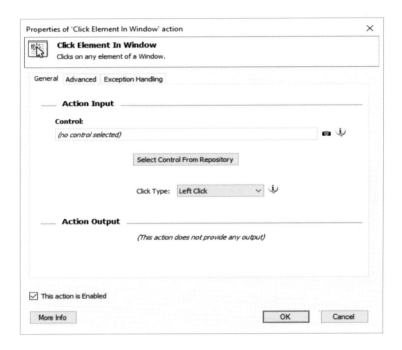

- Properties

• Control: Select Control Form Repository 버튼을 클릭하면 컨트롤들이
나타난다. 컨트롤의 이미지를 미리보기 하려면 카메라 아이콘에 마우스
를 갖다 대면 된다.

Populate Text Field in Window Action

- Description

• 윈도우 창 내 텍스트 박스에 텍스트를 입력하는 액션이다.

- Properties

• Control: Select Control Form Repository 버튼을 클릭하면 컨트롤들이 나타난다. 컨트롤의 이미지를 미리보기 하려면 카메라 아이콘에 마우스를 갖다 대면 된다.

• Text to Fill in: 입력하고자 하는 텍스트를 입력한다. 이전 액션에서 정의한 변수를 사용할 수도 있다.

사전에 저장해 놓은 'test.xlsx' 엑셀 파일을 열어 새로운 시트 추가.

Tip. 'Launch Excel', 'Add New Worksheet' Action

---

* Launch Excel Action

- Description

• 새 엑셀 인스턴스를 시작하고 엑셀 문서를 여는 액션이다.

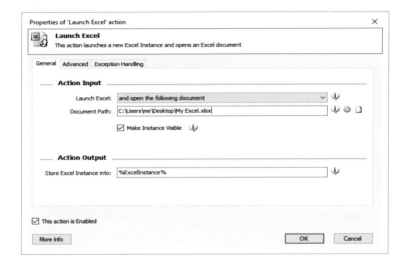

- Properties

• Launch Excel: 새 엑셀 문서를 열 것인지, 이미 존재하는 문서를 열 것인 지 선택한다.

• Document Path: 열고자 하는 엑셀 문서의 전체 경로를 입력한다.

• Make Instance Visible: 엑셀 창을 보이게 할 것인지, 숨길 것인지 선

택한다. 이는 사용자에게 엑셀 화면이 보이게 할지에 대한 문제일 뿐, ProcessRobot의 엑셀 수행 능력에 영향을 미치지는 않는다.

- Store Excel Instance into: 이후 액션에서 사용하기 위해, 엑셀 인스턴스를 저장할 변수의 이름을 입력한다. 이는 접근 가능한 여러 스프레드시트 중에서 접근하고자 하는 스프레드시트를 명시할 수 있도록 해준다.

- Cautions

- 엑셀 관련 작업이 정확하게 수행되려면 프로세스가 실행되는 컴퓨터에 Microsoft Excel이 설치되어 있어야 한다.

Add New Worksheet Action

- Description

- 이전에 시작한 엑셀 인스턴스 문서에 새 워크시트를 추가하는 액션이다.

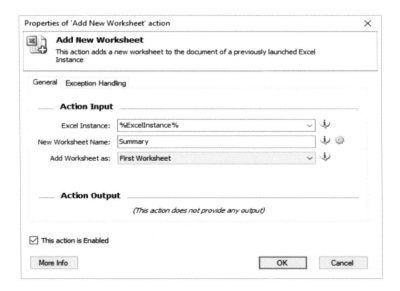

- Properties

- Excel Instance: 작업하고자 하는 엑셀 인스턴스가 저장된 변수를 입력한다. 이전에 Launch Excel 액션을 통해 이 변수를 정의해 두었을 것이다.
- New Worksheet Name: 새 워크시트의 이름으로 사용할 텍스트 혹은 이전에 정의된 텍스트 변수를 입력한다.
- Add Worksheet as: 새 워크시트를 이미 존재하는 워크시트의 맨 앞에 위치시킬 것인지 선택한다.

- Cautions

- 엑셀 관련 작업이 정확하게 수행되려면 프로세스가 실행되는 컴퓨터에 Microsoft Excel이 설치되어 있어야 한다.

디지털 혁명, RPA의 습격

다운로드 받은 파일을 열어서 데이터 읽기.

Tip. 'Launch Excel', 'Get First Free Row On Column from Excel Worksheet',

　　'Read from Excel Worksheet' Action)

　　　– Get First Free Row on Column from Excel Worksheet: 'A' Column

　　　– Read from Excel Worksheet: 'A~J' Column, '1~%FirstFreeRow%' Row

---

* *Launch Excel Action*

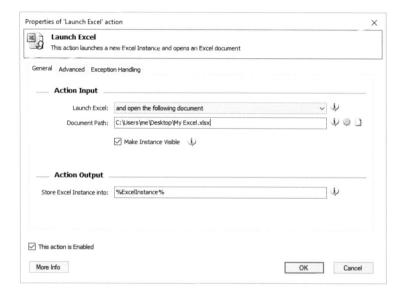

* *Get First Free Row on Column from Excel Worksheet Action*

- Description

• 활성화된 워크시트에서 특정 컬럼 값이 주어졌을 때, 이 컬럼이 첫 번째
　로 비어 있는 셀의 행 값을 구하는 액션이다.

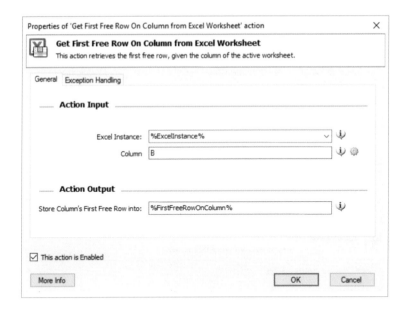

- Properties

- Excel Instance: 작업하고자 하는 엑셀 인스턴스가 저장된 변수를 입력한
다. 이전에 Launch Excel 액션을 통해 이 변수를 정의해 두었을 것이다.

- Column: 컬럼 값을 인덱스 넘버 혹은 문자로 입력한다.

- Store Column's First Free Row into: 주어진 컬럼에서 첫 번째로 비어 있
는 셀의 행 값을 저장할 변수의 이름을 입력한다.

Read from Excel Worksheet

- Description

- 이전에 시작한 엑셀 인스턴스에서, 활성화된 워크시트 내의 특정 셀이나
특정 범위의 셀 값을 읽어오는 액션이다.

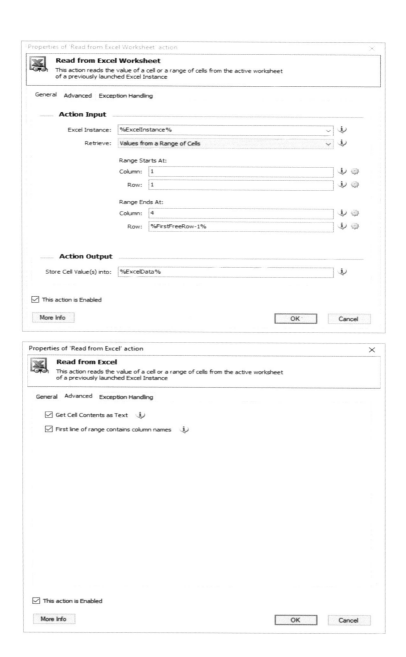

Properties of 'Read from Excel Worksheet' action   ×

Read from Excel Worksheet
This action reads the value of a cell or a range of cells from the active worksheet
of a previously launched Excel Instance

General   Advanced   Exception Handling

— **Action Input** —

Excel Instance: %ExcelInstance%

Retrieve: Values from a Range of Cells

Range Starts At:
Column: 1
Row: 1

Range Ends At:
Column: 4
Row: %FirstFreeRow-1%

— **Action Output** —

Store Cell Value(s) into: %ExcelData%

☑ This action is Enabled

More Info   OK   Cancel

Properties of 'Read from Excel' action   ×

Read from Excel
This action reads the value of a cell or a range of cells from the active worksheet
of a previously launched Excel Instance

General   Advanced   Exception Handling

☑ Get Cell Contents as Text

☑ First line of range contains column names

☑ This action is Enabled

More Info   OK   Cancel

RPA 무엇을 고려해야 하는가

\- Properties

- Excel Instance: 작업하고자 하는 엑셀 인스턴스가 저장된 변수를 입력한다. 이전에 Launch Excel 액션을 통해 이 변수를 정의해 두었을 것이다.
- Retrieve: 하나의 셀 값을 읽어올 것인지, 아니면 여러 개의 셀 값을 테이블로 읽어올 것인지 선택한다.
- Start Column: 특정 셀의 컬럼 값하나의 셀 값을 읽어올 경우이나 첫 번째 컬럼 값여러 개의 셀을 읽어올 경우을 숫자 값으로 입력한다. 이는 숫자여야 한다. 예를 들어, 컬럼 F일 경우 '6'을 입력해야 한다.
- Start Row: 특정 셀의 행 값하나의 셀 값을 읽어올 경우이나 첫 번째 행 값여러 개의 셀을 읽어올 경우을 숫자 값으로 입력한다.
- End Column: 마지막 컬럼 값을 숫자로 입력한다.
- End Row: 마지막 행 값을 숫자로 입력한다.
- Store Cell Value(s) into: 하나의 셀이나 여러 개의 셀로부터 읽어온 값 또는 테이블을 저장할 변수 이름을 입력한다.

디지털 혁명, RPA의 습격

읽은 데이터를 엑셀 파일 내 새로 생성한 시트에 작성.

Tip. 'Write to Excel Worksheet', 'Focus Window' Action

---

* *Write to Excel Worksheet*

- Description

• 이전에 시작한 엑셀 인스턴스의 특정 셀이나 특정 범위의 셀에 값이나
  내용을 입력하는 액션이다.

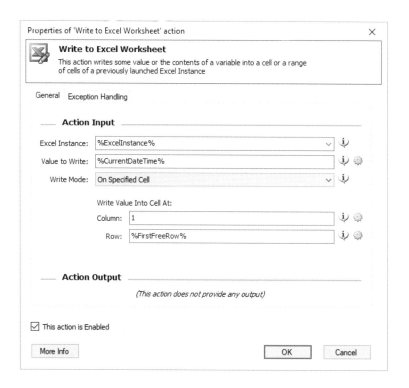

- Properties

- Excel Instance: 작업하고자 하는 엑셀 인스턴스가 저장된 변수를 입력한다. 이전에 Launch Excel 액션을 통해 이 변수를 정의해 두었을 것이다.
- Value to Write: 삽입할 텍스트, 숫자, 이미 정의된 변수 등을 입력한다. 변수가 테이블을 포함하고 있다면, 그것은 셀들을 우하향으로 채워나갈 것이고, 필요 시 다른 셀 데이터를 덮어쓸 것이다.
- Write Mode: 특정 셀에 입력할 것인지, 아니면 현재 활성화된 셀에 입력할 것인지를 드롭 다운 메뉴에서 선택한다. 후자의 경우, 입력하고자 하는 셀의 위치를 미리 알 수 없을 때 유용하다.
- Cell Column: 값이나 내용을 입력할 셀의 컬럼 값을 숫자로 입력한다.
- Cell Row: 값이나 내용을 입력할 셀의 행 값을 숫자로 입력한다.

Focus Window Action

- Description

- 특정 윈도우 창을 활성화시켜 포어그라운드로 가져오는 액션이다.

- Properties

- Get Window: 윈도우 창을 찾을 때, UI Automation 인스턴스 변수를 이용할 것인지, 윈도우 타이틀/클래스의 조합을 이용할 것인지 선택한다 (이 옵션에 따라 이후에 나오는 설정 옵션이 다소 상이해진다).
- Control: Select Control Form Repository 버튼을 클릭하면 컨트롤들이 나타난다. 컨트롤의 이미지를 미리보기 하려면 카메라 아이콘에 마우스를 갖다 대면 된다.

- Window Instance: UI Automation 인스턴스를 저장한 변수를 입력한다 (Get Window Action을 통해 미리 정의된다).
- Window Title: 윈도우 창의 타이틀을 입력한다. '?'나 '*'와 같은 와일드카드를 사용할 수 있다. 드롭 다운 리스트에서 윈도우 타이틀을 찾지 못하는 경우, 직접 입력하거나 새로 고침 버튼을 누른다.
- Window Class: 두 윈도우 창의 타이틀이 동일한 경우, 윈도우 클래스를 통해 두 윈도우 창을 구별할 수 있다. 이 경우, 사용하고자 하는 윈도우의 클래스를 입력한다. 그렇지 않은 경우, 공란으로 두면 된다.

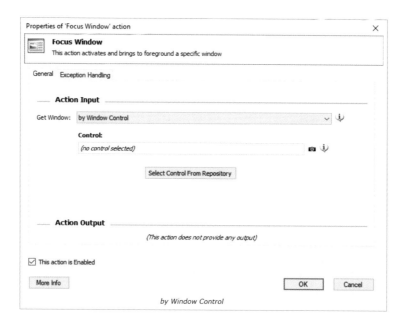

by Window Control

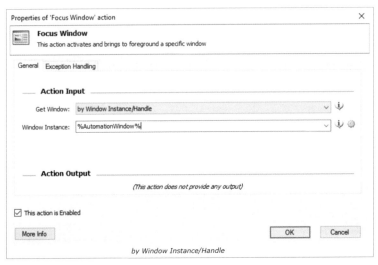

by Window Instance/Handle

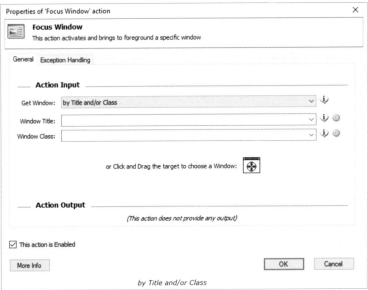

by Title and/or Class

디지털 혁명, RPA의 습격

L열 8행에 Activate한 후, 클립보드에 저장한 이미지를 엑셀에 붙여넣기.

Tip. '*Activate Cell in Excel WorkSheet* ', '*Send Keys*' *Action*

* *Activate Cell in Excel Worksheet Action*

- Description

• 이전에 시작한 엑셀 인스턴스에서, 활성화된 워크시트 내 특정 셀을 활성화하는 액션이다.

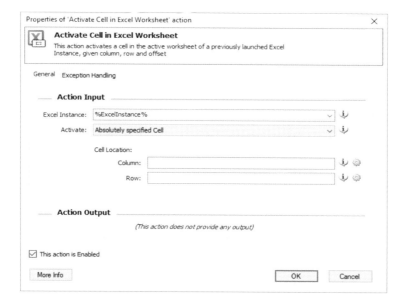

- Properties

• Excel Instance: 작업하고자 하는 엑셀 인스턴스가 저장된 변수를 입력한다. 이전에 Launch Excel 액션을 통해 이 변수를 정의해 두었을 것이다.

- Activate: 처음으로 완전히 비어 있는 컬럼 값을 숫자 값으로 저장할 변
  수의 이름을 입력한다. 예를 들어, 컬럼 'F'가 처음으로 완전히 빈 컬럼이
  라면 이는 '6'으로 저장된다.
- Cell Location Column: 셀의 컬럼 값을 숫자 또는 문자로 입력한다.
- Cell Location Row: 셀의 행 값을 숫자로 입력한다. 숫자는 1부터 시작
  한다.

Send Keys Action

- Description
- 현재 활성화된 어플리케이션에 키 스트로크를 보내는 액션이다.

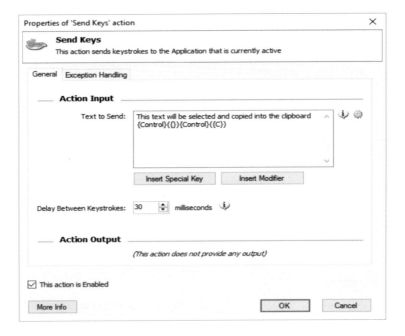

- Properties

- Text to Send: 보낼 키 스트로크를 텍스트로 입력한다. Special key나 modifier는 박스 하단에서 사용할 수 있다. Control 키는 Insert Modifier 버튼을 누르면 나온다. 표시 방식은 Control + A를 예로 들면, {Control}({A})의 형태로 입력되어야 한다. Modifier 안에서는 'a'나 '$'와 같은 문자가 아닌 키가 사용되어야 한다.

- Delay Between Keystrokes: 입력 에러를 피하기 위해 키 스트로크 사이의 대기 시간을 설정한다.

두 엑셀을 저장한 후 종료.

Tip. 'Close Excel' Action

---

* Close Excel Action

- Description

- 이전에 시작했던 엑셀 인스턴스를 닫는 액션이다.

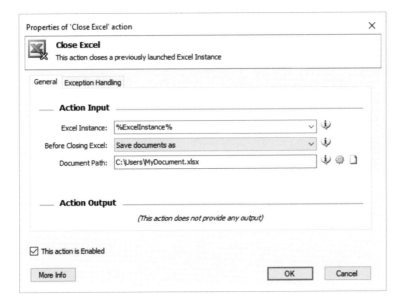

- Properties

- Excel Instance: 닫고자 하는 엑셀 인스턴스가 저장된 변수를 입력한다. 이전에 Launch Excel 액션을 통해 이 변수를 정의해 두었을 것이다.
- Before Closing Excel: 이 인스턴스를 닫기 전에 문서를 저장할 방법을

선택한다.

• Document Path: 문서를 저장할 전체 경로를 입력/선택한다.

- Cautions

• 엑셀 관련 작업이 정확하게 수행되려면 프로세스가 실행되는 컴퓨터에
 Microsoft Excel이 설치되어 있어야 한다.

RPA의

미래 모습

1

RPA 적용의 3단계

RPA 3단계 성숙도 모델

적용 단계(Adaptive Enterprise)

채택 단계(Adopting Enterprise)

임시 단계(Ad-hoc)

DISCOVER	DEFINE	DELIVER	EXPAND	ENHANCE
RPA Business Case: · RPA Suitobility Assessment · Business Benefits Analysis	RPA Proof of Concepts RPA Business Case Sign off Centralized Control	RPA Implementation across Departments & Business Units	RPA + Machine Learning	RPA + Deep Learning Hub & Spoke

RPA Value Realization

| High volume Repetitive tasks Simple Tech | High volume Repetitive tasks Structured Data Multi-Tech | High volume Repetitive tasks Unstructured Data Basic Decision Making | High volume Data Transformations Complex Decision Making |

Intelligent Automation

DISCOVER	DEFINE	DELIVER	EXPAND	ENHANCE
RPA Platform selection	RPA Operating Model			
Process Selection, Pricitization	Governa nce / Delivery Process	Integrated RPA + BPM Virtual Assistant	Natural Language Processing Data Analytics	Complex Dechion Making Straight Through Processing
Enterprise Automation Roadmap(ERP)	Collab / Team Structure Infra / Bot Ops	Process Optimization	Change Mgmt / Continuous Improvements	Stakeholder Reporting

* Provided by Mavenick Consulting

디지털 혁명, RPA의 습격

Mavenick 컨설팅사가 제시한 RPA 3단계 성숙모델을 소개한다. 지능형 자동화가 물리적 인프라, 비즈니스 관리 소프트웨어, 운영관리, 분석, 프로세스 자동화, 인공지능 및 정보 보안 전반에 걸쳐 이루어지는 자동화 중심의 기업을 위한 단계이다. 기업이 마지막 단계에 도달하면, 인지 및 데이터 지향 모델로 전환하여 RPA의 모든 이점을 누릴 수 있다.

1단계: 임시(Ad-hoc) 단계

대부분의 기업은 사례별로 RPA를 채택하기 시작한다. 이 단계에서는 전체적인 자동화 전략이 아직 마련되어 있지 않으며, 모든 도구 평가 및 프로세스 신택 기준은 개별 팀장이 주도한다. 임시 단계에서 조직은 다음과 같은 측면에 대해 주의를 기울여야 한다.

- 간단한 과정부터 시작하는 것이 중요하다.
- 복잡한 자동화를 다루기 전에 팀에서 교육해야 할 몇 가지 측면이 있다. (예: 변경 관리, 심층 기술 및 프로세스 엔지니어링 기술, 운영 모델, CoE, 거버넌스, 비즈니스 모델 및 실행 프레임워크)

임시 단계는 요구 사항 수집을 위한 중요한 시간이다. 기업은 RPA가 어떻게 기존 기술 환경에 가장 적합하게 구축할 수 있는지를 신중하게 평가하고 장기적인 채택 목표도 제시해야 한다.

2단계: 채택 단계

수집된 요구사항과 원하는 장기 RPA 채택 목표에 기초하여 CoE가 설정되며, 전사적으로 자동화를 확장하기 위한 진화 모델을 이용할 수 있는 명확한 자동화 채택 전략이 정의된다. 기업이 RPA 채택 목표를 명확히 제시할수록 채택은 보다 효과적으로 조정될 수 있다.

특정 RPA 플랫폼의 선택은 공식적으로 정의된 평가 기준에 기초해야 하며, 기준 자체는 개별 부서의 필요와 그 이상으로 확장되어야 한다. 이는 무엇보다도 변경 관리, 엔드투엔드 비즈니스 프로세스 관리, 적극적인 목표 및 진행 과정 추적 등을 감안해야 가능하다.

임시 단계에서 채택 단계로 전환하는 가장 중요한 요소는 전체적 기준과 디지털화 및 자동화 채택을 위한 잘 정의된 전략을 사용한 CoE 설정이다. 전략은 변경 관리, 심층적인 기술 및 프로세스 엔지니어링 기술 훈련, 기술 관리 및 인력 배치, 운영 모델, 거버넌스, 비즈니스 모델 및 실행 프레임워크를 포함해야 한다.

3단계: 적응 단계

기업이 적응 단계에 진입할 때, 그것은 자동화 중심 기업을 창출하기 위한 3단계 성숙도 모델의 종료 상태에 도달했고, 지속적인 개선과 과정 수정 메커니즘을 구현했다는 것을 의미한다.

이 단계에서 기업은 자동화 전략의 다양한 부분에서 성숙하고, 프로세스 엔지니어링 기술뿐만 아니라 심층적이고 광범위한 자동화 기술을 구축했으며, 기술의 광범위한 가용성으로 인해 이제 분산형 실행의 허브와 스포크 모델[1]을 채택할 수 있으며, 입력 전반에 걸쳐 자동화 기능이 구축되었다.

기업은 규칙 기반 또는 ML$^{Machine Learning}$/AI 기반 자동화를 채택하여 모든 비즈니스 기반의 가상 인력의 일관성과 정렬을 보장하는 포괄적인 프레임워크를 가지게 된다.

이러한 3단계 성숙도 모델은 연속체로 생각되어야 한다. 단계들은 별개의 것이 아니라 겹치는 것이다. 기업에서 일부 측면은 채택 단계에 있는 반면 다른 측면은 여전히 애드혹Ad-Hoc일 가능성도 있다. 행동 계획을 결정하기 위해서는 현재 상태As-is와 목표 상태To-be에 대한 평가가 중요하다.

2

RPA와 AI의 상관관계

둘 사이의 기본 관계에 대해서는 약간의 의견 차이가 있다. 머신 러닝이 AI 분야라는 데는 거의 모든 사람들이 동의하지만 RPA와 AI에 대해서는 동일한 합의가 존재하지 않는다. 이에 대한 합의가 이루어지지 않은 이유 중 하나는 RPA 기술과 지금까지의 사용 사례가 "지능형"이 아니기 때문이다. RPA는 사람의 노력이 필요했던 규칙 기반의 작업을 처리하는 데 큰 도움이 될 수는 있다. 그러나 아직 사람의 심층 신경망처럼 진행되지는 않는다.

인간의 판단과 행동을 강화하고 모방하는 AI 기술은 규칙 기반의 인간 행동을 복제하는 RPA 기술을 보완한다. '화이트칼라'라는 지식 기반 근로자와 '블루칼라'라는 서비스 기반 근로자가 조직의 생산성을 높이기 위한 엔진으로서 협력하는 것처럼, RPA와 AI 두 기술은 서로를 보완하며 작동

디지털 혁명, RPA의 습격

한다.

 RPA는 작업을 자동화한다. 현재 수준의 RPA는 전체 종단 간 프로세스를 자동화하기는 아직 어려운 것이 사실이다. 사용자의 요구를 충족하기 위한 노력으로 인해 개발되는 두 가지 특정 기술이 있다. 인지적인 기능의 통합에 대한 두 가지 예를 살펴보자.

- **인지 캡처**Cognitive Capture: 인지 캡처는 옴니 채널(예: 웹 양식, 종이 문서, 이메일)을 통해 데이터를 수집한 다음 기본 AI/인지 알고리즘[2]을 사용하여 비정형데이터를 정형데이터 형식으로 변환하여 RPA가 작업을 자동화한다.
- **프로세스 오케스트레이션**: 프로세스 오케스트레이션은 워크플로우 자동화에 엄격하고 규율을 추가한다. RPA에 의해 자동화된 작업은 일반적으로 워크플로우의 일부이기 때문에 이 부분이 필요하다. 프로세스 오케스트레이션은 모든 예외를 처리하고 전통적인 동적 사례 관리를 수행하며 RPA 디지털 작업자와 실제 직원 간의 협업 및 업무 전달을 관리함으로써 RPA를 지원한다.

 예를 들어, RPA 프로세스를 구축하는 동안 비정형 데이터의 사용에 영향을 줄 수 있는 시나리오를 생각해볼 수 있다.

- 필요한 문서에서 컨텍스트에 따라 규정된 비정형 정보를 추출해야 하는 경우
- 특정 고객 분류에 따라 문서를 분류하고 그에 따라 행동해야 하는 경우
- 정보를 추출하기 전에 추론을 적용해야 할 때

- 프로세스에서 사용하기 위해 추출한 데이터에 연결된 관계도 검색해야
  하는 경우

  위의 모든 시나리오에서 AI와 RPA 간의 협업은 비정형 정보의 사용을
가속화하여 지능형 자동화의 범위를 확장하고 향상시킨다. AI는 모든 관련
데이터를 RPA에서 즉시 유용하고 실행 가능하게 만든다.
  다른 많은 기술들과 마찬가지로 RPA도 AI와 손잡고 스마트 운영을 추
진하기 위해 진화할 수 있다. 이 여정은 유인Attened RPA에서 무인Unattened
RPA로 그리고 인지 RPA로 시작하여 자율적인 RPA로 진행한다.

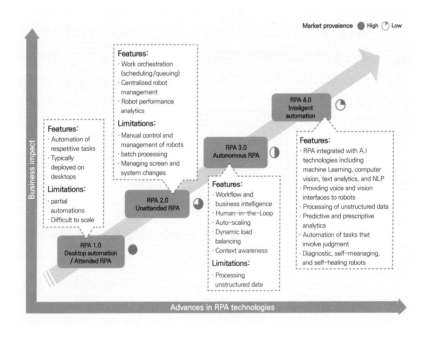

디지털 혁명, RPA의 습격

주요 차이점을 살펴보면, RPA가 규칙 기반이고 결정론적이며 비전과 언어에 "인간적 감각"이 없는 반면, AI는 경험으로부터 배울 수 있고, 확률적이며, 비전과 언어를 가지고 있다는 것을 알 수 있다.

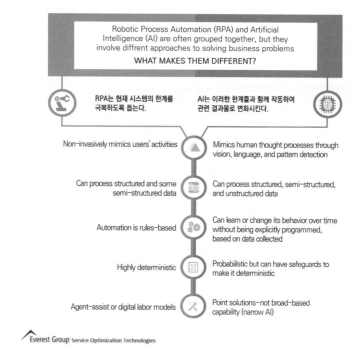

에버레스트 보고서를 참고하면, 각 단계별 가능한 데이터의 종류, 현재 활용할 수 있는 솔루션 제조사까지 확인할 수 있다.

Service Delivery Automation (SDA) Spectrum

High

Low

		Ability to handle input data type	Processing approach	Ability to learn	Context awareness	Approach	illustrative examples	Human involvement	intelligence
완성도 (Maturity)	Robotic Desktop Automation (RDA)	Structured only	Deterministic	No	No	Human triggers	Pega, Softomotive, Uipath, NICE		
	Robotic Process Automation (RPA)	Structured and semi-structured	Deterministic	No	No	Orchestrated process automation	Automation Anywhere, BluePrism, UiPath Softomotive, Nice, Redwood, WorkFusion		
	Autonomics	Structured and semi-structured	Deterministic	No	Yes, but limited to its computing environment	Distributed computing	IPsoft, Ayehu, Syntbots, Thoughtnonomy, WorkFusion		
	Narrow Artificial Intelligence	All types of data including unstructured	Probabilistic	Yes, but limited to a particular area	Yes, but limited to a particular domain	Cognitive computing (Machine learning, deep learning, and NLP)	RAGE Frameworks, RAVN, Loop AI, IBM Watson, Wipro Holmes, IPsoft Amelia, Celaton, Arago, WorkFusion, TCS ignio, Infosys Mana		
미래 기술 (Future Tech)	General Artificial Intelligence	All types of data including unstructured	Probabilistic	Yes, across multiple areas	Yes, across multiple domains and similar to human brain	Advances in deep learning	NA		

Everest Group Service Optimization Technologies

디지털 혁명, RPA의 습격

3

산업별 RPA

1 ― 제조산업 적용가능 업무 예시

제조업			
구매	• 거래처 등록 • 견적 대사 작업	서비스/ 품질	• 서비스 비용 증빙 확인 및 입력 • Happy call 메일 자동 발송
생산	• 모델 등록 • BOM(Bill of Material) 입력 • 수업 통관 허가서 입력	재경	• 법인카드 비용 입력 • 회계전표/증빙 관리 • 정기 거래 업체 인보이스 비용 처리 • 거래선 등록
SCM/ 물류	• 선사별 화물 위치/상태 입력 • 선적 문서 자동 인식 • 수출 시 적용환율 확인 및 반영	HR/ 지원	• 채용 필요 서류 입력 • 의료비 청구 확인 및 입금
영업/ 마케팅	• 홈페이지 내 모델 Spec 입력 • 주문 입력/가격 입력 • 거래서 데이터 입력 • 가망 고객 등록		

ERP는 제조 및 창고 관리 또는 작업장 관리에 이르는 제조의 많은 시스템에 적용되어 있다. RPA 솔루션을 적용하면 시스템 간 전달을 보다 빠르고 오류 없이 처리할 수 있다. RPA는 IT 통합 프로젝트 없이도 작동할 수 있는 가벼운 구조를 갖기 때문에 시스템 수준의 통합 없이도 가능하다.

제조 및 물류 프로세스를 위한 히트 맵

자동화 잠재력 높음 / 자동화 잠재력 낮음

공급자 관리	획득	물류 센터	재고 및 계획	조작	고객 배송
RFP/RFQ 생성 및 데이터 집계	구매 오더 생성 및 일치	물류 서비스 제공 업체 계약 관리	일일 보고서 수요 및 공급	BOM	주문 상태 업데이트
공급 업체 매핑 (메타 데이터 검색)	송장 및 입고의 일치 및 조정	성능 기반 배달 시간 업데이트	자재 거래 업데이트	예측 정비	반품 처리, 자동 주문 정보 수집
계약 관리	공급 업체 성과 보고서	배송 관리 및 추적, 배송 증명	자재 마스터 데이터 유지 보수 (예: PDM 및 RP)	생산 계획 생성	고객 불만 처리, 주문 정보 및 전달
공급 업체 선택	화물 입찰	통관 서류 처리	수요 예측	생산 셀 간 데이터 전송	
공급 업체 위험 관리	자재 소요량 및 부족 보고서	EDI 데이터 처리	주문 가능 (동적 배송 시간)	스크랩/폐기물 보고	
성과표 및 대시 보드 업데이트	공급 업체 관리 재고 (VMI) 보고서 및 보충	배송 정보 생성 및 추출	제고 수준 최적화	인셀 품질 관리 및 상호 참조	

* SOURCE: Digital Workforce

2 ― 금융산업 적용가능 업무 예시

RPA의 초기 채택자인 은행은 현재 로봇 사용을 제도화하고 있다. 여기에는 클라우드에서 로봇을 배포하고, 부분 로봇 규모에서 전 산업 규모로 가치를 창출할 수 있도록 고급 지원 및 유지 관리 모델을 구현하는 것이 포함된다. 은행은 또한 RPA 및 AI의 오케스트레이션을 통해 자동화 범위를 확장하려고 한다.

	은행		보험		카드
수시	• 수신 신규 고객 등록 • 재신고 및 증명서 발급	신계약	• 고객등록 및 보험가입 • 증권 발생	모집	• 모집인/추천인 수수료 처리 • 추천인 및 채널 이력관리
여신	• 여신 실행 및 처리 검토 • 대출조건 변경 검토	청구/ 입금	• 빌링 데이터 자동 산출 • 보험료 입금 처리	신규/ 갱신	• 회원 입회 상담 및 심사 • 카드 갱신 및 재발급
외환	• 환율 우대 프로모션 관리 • 제휴기관 계약별 정산 관리	계약 관리	• 보험 수익자 변경 • 계약 갱신/부활/해지 처리	승인	• 승인 오류 인력 관리 • 오류내역 조회 및 처리
자금	• 은행간 자금 경제 관리 • 현금/외환/투자 현황 보고서 작성	지급	• 만기 보험금 지급 • 해약 보험금 지급/환급	매입/ 정산	• 대금 지급액 정산 • 결제일 및 결제금액 대사
재무/ 회계	• 상품/고객별 수익성 분석 • 세무 데이터 관리	보상	• 보상 결과 대사 • 재무 보고서 작성	부가 서비스	• 포인트/캐시백 금액 대사 • 소득공제 기준 변경 반영
준법/ 감시	• 이상탐지거래 분석 결과를 업데이트 • 세무 데이터 관리	재무/ 회계	• 마감 결과 대사 • 재무 보고서 작성	보고서	• 대/내외보고서 작성 • 필요 데이터 관리
		계리	• 준비금 산출 • 필요 데이터 수집		

뱅킹 프로세스를 위한 히트 맵

☐
자동화 잠재력
높음

☐
자동화 잠재력
낮음

위험 및 규정 준수	생명 보험	운영	연락 센터	영업 및 프로세스
KYC & 규칙 기반 AI 학습에 이르기까지 AML	웹에서 생명수당 설정	계정 명세서	AI를 활용하여 고객 메시지 분류	대출 상환 일정 변경
RPA를 통한 실시간 분석	조기 취소	사망 재산 제공	판매 프로세스 후 향상	온라인 대출 신청
MIFID II 및 계약 업데이트 및 보관	연금 저축 계좌 폐쇄	카드 차단	고객 주소 업데이트	담보 대출 사전 처리
감사 내역에 대한 LOG 데이터	Pension Savings 계정에 매달 저축	가족 등록	지점 간 고객 이전	빠른 신용 응용 프로그램의 사전 처리
제재 심사	월말 반복 발생	계정 닫기	RPA를 통한 실시간 분석	
RPA를 통한 GDPR 준수 지원	RPA를 통한 실시간 분석	CSAS 피드백 루프		

* SOURCE: Digital Workforce

보험 프로세스를 위한 히트 맵

☐
자동화 잠재력
높음

☐
자동화 잠재력
낮음

고객 서비스	위험 및 규정 준수	보험 판매 서비스	클레임 처리
그린 카드	KYC	전자 송장 주소 업데이트	AI를 사용하여 손상 인식(차량)
회사 고객 연간 정보	RPA를 통한 실시간 분석	레거시 시스템에 대한 온라인 보험	파트너에서 보험사로 직접 청구
여행 보험 증서	AML	보험 개체의 변경	서비스 프로세스 후 향상
판매 프로세스 후 향상	감사 내역에 대한 LOG 데이터	지불 조건의 변경	은행 계좌 정보 업데이트
보험 해지	제재 심사	판매 프로세스 후 향상	CSAS 피드백 루프
AI를 활용하여 고객 메시지 분류	승인 문의	CSAS 피드백 루프	올바른 처리 프로세스 (AI)를 청구 리디렉션

* SOURCE: Digital Workforce

3 — 유통·서비스산업 적용가능 업무 예시

● — 판촉(Promotion)

주로 수작업으로 스프레드시트를 사용하고 지속적인 데이터 수집 및 분석이 필요한 유통 부문에서 두 번째로 많은 비용을 차지한다. 사람의 실수를 없애고 효율성을 높이면서도 빠르고 정확하게 판촉 실적을 추적하고 분석할 수 있다.

● — 판매 분석

RPA 프로세스는 날마다 많은 양의 판매 데이터를 분석하고 이를 토대로 조치를 수행해야 하므로 직원들이 최대한 빠르게 집중해서 처리해야 한다. 실시간 분석 정보를 사용해 완벽한 검사 결과를 제공하므로 유통업체와 공급업체가 더 효과적으로 데이터를 분석하여 판매 기회를 극대화할 수 있다.

● ─ 매장 내부 계획

소비자 인구 통계 특성과 선호도에 따라 매장 내 제품을 배치하여 고객의 기대에 더 효과적으로 부응할 수 있다. 기존 데이터베이스를 활용하여 유통업체에 매장별로 더 정확한 정보를 제공한다.

● ─ 신제품 도입

새로운 제품과 제품군을 도입하려면 상당한 투자와 함께 여러 부서 R&D, 제조, 마케팅 간의 긴밀한 협업이 필요하다. 고객의 의견을 실시간으로 알리고 모니터링하는 프로세스를 간단히 자동화하여 가격, 생산 또는 재고를 더욱 신속하게 조정할 수 있다.

4 ─ 공공부문 적용가능 업무 예시

공공 부문 프로세스를 위한 히트 맵

자동화 잠재력
높음

자동화 잠재력
낮음

중앙정부		지방 정부 및 NGO	
안전 및 방위	교육 및 문화	건강 및 사회 복지	교육 및 문화
건강 및 사회 복지	금융 및 세금	인프라 및 환경	안전 및 구조
연금 및 혜택	정의 및 통제	성장 서비스	비영리 단체

가치 흐름						
고객 서비스	사례, 기록 및 문서 관리	재원	HR	ICT	소싱	위험, 품질 및 감사

* SOURCE: Digital Workforce

기존 직원 및 예산으로 서비스의 질을 변환하여 더 나은 보안과 우수한 서비스를 제공하는 것은 지방 자치 단체에서부터 정부 기관에 이르기까지 공공조직이 직면한 공통적인 과제이다. RPA 및 AI 관련 응용 프로그램의 수요는 점점 높아져만 간다. 두 기술을 함께 사용하면 생산성이 크게 향상된다.

중앙 정부 – 범용 신용 및 수당 계산, 세금 계산, 사기 방지 수표, 라이선스 응용 프로그램 처리

지방자치단체 – 수입 수집, 허가 신청, 사건 보고, 사례 관리, 계약 관리

치안 – 고정 페널티 처리, 정보 보고, 범죄 보고, 총기 라이선스 처리

의료 – 코딩, 진단, 퇴원 처리, 외래 환자 클리닉 결과, 현금화

교육 – 입학 및 등록 관리, 학생 타임 스케줄링 및 부동산 활용, 학생 재무 관리, 과정 평가 데이터 처리, 동문 데이터베이스 유지 관리

사례 연구: 영국 경찰

RPA는 실무자가 매일 직면하는 반복적인 트랜잭션 및 시간이 많이 소요되는 프로세스를 해결할 수 있다. 지역 사회 봉사, 범죄자 체포 및 취약 계층 보호, 교통 범죄 자동화, 범죄 보고 지원, 정보 시스템 감사 및 사이버 범죄에 RPA 프로세스가 적용된다.

5 – 의료산업 적용가능 업무 예시

RPA는 진료 의뢰, 예약, 실험실, 방사선 및 병리 결과를 처리하거나 요청 양식을 생성할 수 있다. 또한 보고, 품질 보증, HR, 재무 및 IT 프로세스는 자동화의 대상으로 널리 사용된다. RPA에는 환자와 집단 위험 및 자원 분석뿐만 아니라 전자의무기록EHR[3] 변화에도 적합하다.

건강 및 사회 복지 프로세스를 위한 히트 맵

자동화 잠재력
높음

자동화 잠재력
낮음

임상-진료 의뢰, 예약	임상-랩 / 경로 / 라드 데이터 처리	임상-지능, 치료 경로 및 기타	관리-HR, IT	행정-금융, 물류	데이터 및 위험 분석보고, 연구
추천 분류, 올바른 단위로 이전	실험실 / 병리 / 방사선학 결과 분류	지능형 OCR 및 NLP 환자 설문지 처리	대체 직원은 견적 및 주문이 필요	서비스 바우처 및 지출 약속	EMR에서 품질 레지스터로 데이터 전송
해당 의사에게 전달하는 지능형 추천 분류	정상적인 결과 처리, EMR 메모 작성, 환자에게 SMS / 전자 문자 전송	처방 데이터의 지능형 NLP 구조	로타 계획 자동화	사회 복지 재정 지원 신청서 처리	공식보고 예 : 대기시간
구조화 된 추천 처리-치료 및 긴급성에 대한 결정	결과 도착 후 담당 의사에게 전달	치료 경로-설문지, 실험실 요청 양식, 방문 예약, 환자 정보	온 / 오프 보드 자동화	판매 및 구매 송장 확인	인구 수준의 위험 / 자원분석
상담 및 운영을 위한 예약	일상적인 실험실 / 방사선학 요청 양식 작성	집과 병원에서 환자를 옮길 때 서비스 관리	로그 분석 및 보고, 오용 식별	배송 주문 처리	EMR 노트 분석, 특정 위험이 있는 환자 식별
무료 상담 시간 확인 및 처리	결과 처리 확인	환자 설문지 데이터를 EMR로 직접 전송	IT 시스템 간 데이터 전송	주문, 구매 송장 및 납품의 정렬	연구 데이터 수집 및 분석

* SOURCE: Digital Workforce

● ― 문서 자동화

의료 서비스 제공자는 환자의 등록 및 건강 기록, 그리고 다른 중요한 문서들을 자동화할 수 있다.

● ― 사전 승인

의사는 RPA를 사용하여 방대한 정보를 수집하고 사전 승인에 기초하여 매일 진행 상황, 프로세스 촉진 및 수동 작업 비용 절감을 모니터링한다.

● ─ 지불 흐름 관리

공급자는 RPA 로봇 프로그래밍을 통한 실시간 정보 검색으로 고객 부담금에 대한 정보, 공제액, 현금 흐름을 가속화할 수 있다.

● ─ 관리 과정

RPA 로봇으로 수동 작업 및 시간이 많이 걸리는 관리 작업의 약 85~95%를 신속하고 더 정확하게 수행한다.

● ─ 회원 등록 과정

RPA는 신속하게 새로운 회원 데이터를 추출하여 계획, 정보 확인 및 종사자 간의 조정을 수행한다.

● ─ 공급자 자격 인증

RPA 프로그램을 통해 데이터를 캡처하고 수행 유효성을 검사하며 직원에게 예외 사항과 최종 문서를 공급하여 공급자의 자격을 인증한다.

● ─ 고객 서비스(CS)[4] 활동

RPA는 더 나은 사용자 경험을 제공하고, 자동화된 CS 활동에 의해 직원이 더욱 중요한 업무를 하도록 하여 고객 서비스 비용을 줄일 수 있다.

4

RPA와 기존(Legacy) 시스템

기존레거시 시스템은 구형 컴퓨터나 서버와 같은 하드웨어부터, 현재 운영 중인 컴퓨터 운영 체제OS, 프로그래밍 소스 코드, 데이터베이스 등의 소프트웨어 자산까지 모두 포함하는 개념이다. 새로운 시스템에 대비하여 기존 시스템을 의미하지만, 이전의 시스템을 모두 기존 시스템이라고 하지는 않는다. 레거시 시스템이란 새로운 시스템과 특정 관계를 주고받거나 영향을 주는 기존 시스템을 의미한다. 일부에서는 기존 시스템을 노후화된 하드웨어, 복잡하고 비대해진 애플리케이션, 특정 공급 업체에 의존도가 높은 시스템 등과 같이, 보수 또는 교체가 불가피한 시스템이라는 의미로도 사용한다.

기업들은 기존 시스템이 오래전에 개발되었지만 여전히 잘 동작하는 경우, 혹은 시스템 교체 시 서비스 및 관리 운용에 심각한 영향을 끼치는 경우 등에 기존 시스템을 계속 사용한다.

RPA는 기업의 수동 프로세스를 자동화하는 데 도움이 된다. RPA의 장점은 고객이 레거시 시스템을 분리하거나 교체하지 않아도 레거시 프로세스에 자동화 수준을 제공할 수 있다는 것에 있다.

따라서 은행, 보험 회사, 통신 회사와 같은 많은 양의 레거시 인프라를 보유한 회사에서도 무리 없이 잘 작동한다. 레거시 시스템을 통합하는 기능은 RPA 프로젝트의 핵심 동인이다. 조직은 RPA 기술을 사용함으로써 디지털 혁신 이니셔티브를 빠르게 가속화함으로 기술 투자와 관련된 가치를 창출할 수 있다.

1 ― 보안(Security)

RPA를 보안 업무에 적용해 외부 기관에서 제공하는 위협 정보를 보안 시스템에 자동으로 적용·운영할 수 있다. 향후 IT·보안 시스템에서 탐지하는 위협에 대한 자동화된 대응 방안을 제공해 위협을 완화시키는 솔루션으로 발전할 것으로 보인다.

보안 RPA는 단순하고 반복적인 작업을 처리해 보안팀이 더 중요한 위협에 집중할 수 있도록 돕는다. 너무 많은 경보로 인해 발생하는 보안 피로를 줄여, 중요한 위협에 더 빠르고 정확하게 대응할 수 있도록 해 조직의 보안 수준을 한층 높일 것이다.

SOC[5]를 위한 보안 솔루션으로 보안 오케스트레이션, 자동화, 대응 SOAR이 최근 주목받고 있다. SOAR[6]는 보안 탐지·대응 프로세스가 표준화돼 있어야 도입할 수 있는데, 현재 대부분의 SOC에서는 이러한 요건을 갖추지 못했다. SOAR 도입 전 보안 업무 효율화를 위해 RPA를 검토해야 한다.

보안 RPA를 활용하는 사례를 보면, 외부 기관에서 위협 정보 빅데이터를 제공받아 방화벽, IPS 등에 적용해야 한다. 매일 이 작업을 하는 데 많은 시간이 소요돼 중요한 위협 이벤트를 분석하는 핵심 업무에 집중할 시간이 줄어든다.

보안 RPA는 외부 기관의 위협 인텔리전스를 자동 적용한다. 인력 개입 없이 운영할 수 있으며, 발견된 위협에 쉽게 대응해 위협을 완화한다. 향후 이 기술은 다른 여러 IT 시스템과 연동돼 위협의 성격과 수준, 해당 시스템의 프로세스에 따라 자동으로 정책을 만들고 적용할 수 있도록 개선할 것으로 기대된다.

2 − ERP(통합 자원 관리)

모든 ERP 시스템 응용 프로그램에서 RPA를 사용하여 ERP 프로세스를 자동화하면 비용 절감, 100%의 정확도, 빠른 처리 속도와 함께 향상된 규정 준수, 제어 및 감사 기능과 같은 명확한 최종 이점을 얻을 수 있다. RPA는 비즈니스 전반에서 ERP 프로세스를 개선할 수 있다.

- 인적 자원: 채용에서 온보딩, 경력 개발 등 직원 라이프 사이클 프로세스의 모든 측면을 자동화
- CRM고객 관계 관리: 자동화를 통해 고객 경험CX을 향상시켜 콜센터 효율성을 높이고 고객 만족도를 향상
- 공급망: 인건비를 낮추고 회사의 경쟁력을 향상

- 제조: 재고 관리, 조달 및 주문 처리를 개선하고 제조 생산을 관리 및 최적화하기 위한 데이터를 제공
- 재무 및 회계: 관련 프로세스를 자동화하고 인적 오류 요인을 제거하며, 보고 요구 사항에 대한 RPA 사전 설정 준수를 향상
- 비즈니스 인텔리전스: RPA는 실시간 프로세스 수준의 데이터 분석 기능을 제공하여 민첩성을 향상시키고 중요한 의사 결정을 향상

3 — VDI(데스크탑 가상화)

데스크탑 가상화, VDI(Virtual Desktop Infrastructure)는 Virtual Desktop Environment로도 알려져 있으며 관련 주요 업체로는 Citrix, Microsoft, VMWare가 있다. VDI의 부상과 함께 RPA가 널리 채택되었다. 초기에는 논리적으로 VDI와 RPA를 모두 배포하려고 했지만 모든 주요 RPA 플랫폼은 가상 세션에 액세스하는 데 동일한 문제를 보였다. 현재에는 Citrix, Microsoft RDP, VMWare Horizon을 포함한 모든 주요 VDI 플랫폼과 협력을 통하여 문제를 해결하였다. 데스크탑의 가상화 이점과 RPA의 효율성 이점을 함께 누릴 수 있다.

RPA

자주하는 질문

과거 텍스트 데이터 중 불필요하거나 포맷에 맞지 않는 것들을 제거하고 DB화하는 작업을 하다가 '매크로 프로그램'을 사용하여 단축키 하나로 만들었던 경험이 있다. 마우스의 좌표와 클릭, 일정하게 반복되는 키보드의 키를 기억한다든가, 엑셀의 특정 셀에 자동으로 업데이트 되게끔 하는 프로그램 제작 등의 업무가 어떻게 보면 가장 단순한 개념의 RPA였다. 이처럼 과거의 사무 자동화 같은 매크로의 개념은 단순한 사무 영역에서는 복잡하지 않고 변수가 적은 루틴한 업무에 적용될 수 있는 기술이었지만 이제는 AI와 빅데이터 등 다양한 4차 산업의 기술과 접목해 훨씬 더 복잡하고 예측 불가능한 업무일지라도 업무 자동화를 통해 업무 처리의 생산성을 높이는 솔루션이 개발되었다.

기업의 사무 자동화에 RPA가 처음인 것은 아니다. 1980년대 전사 자원 관리ERP에서 시작하여, 2000년대 초반 비즈니스 프로세스 관리BPM·비즈니스 프로세스 아웃소싱BPO을 넘어 RPA 시대로 접어들었다. 기업이 RPA에 주목하는 이유는 ERP나 BPO 등 기존 프로세스 대비 적은 투자로, 업무 효율을 획기적으로 높일 수 있기 때문이다. ERP나 타 IT 프로젝트는 시스템 구축에만 수개월이 걸린다. RPA는 몇 주 정도로 도입 기간도 짧고 비용도 저렴하다. 인간이 수기로 기입하면서 발생할 수 있는 실수를 줄인다는 점도 강점이라 할 수 있다.

현실 비즈니스 환경에서 기계적이고 단순한 업무들만으로 구성된 프로세스는 많지 않다. 전체 업무의 흐름으로 보면 단순한 업무도 있지만, 사람이 인지하고 판단해야 하는 복잡한 업무들도 상당수 존재한다. 이로 인해 현재 RPA 기술만으로는 프로세스의 End-to-End 자동화를 구현하는 데 한계가 있다.

또한 기술적 측면에서 현재 로봇이 인식할 수 있는 데이터의 한계가 존재한다. 먼저 수기로 작성되거나 스캔된 문서의 경우, 로봇이 정확히 인식할 수 있는 수준의 데이터 품질을 확보하기 어렵다. 최신 광학인식기술 OCR을 적용하더라도 데이터 인식에 실패하거나, 잘못 인식하는 경우가 발생할 수 있다.

따라서 은행의 대출 심사 또는 보험사의 보험금 지급과 같은 핵심 업무에 RPA를 적용하는 데는 어려움이 있다. 나아가 비즈니스 현장에서 상시적으로 발생하는 음성, 텍스트, 영상과 같은 비정형 데이터는 현재 RPA 기술로는 그 의미를 인식하고 처리할 수 없다.

이상과 같은 한계점들을 극복하기 위해서 RPA 기술과 머신 러닝 Machine Learning, 자연어 처리Natural Language Processing, 빅데이터 분석, 페이퍼리스 솔루션 등 다양한 디지털 기술과의 결합이 시도되고 있다.

Q. RPA 구축 전략에는 어떤 것이 있는가?

크게 탑다운Top-Down 접근 방식과 바텀업Bottom-Up 접근 방식이 있다. 중앙 주도의 탑다운 접근 방식을 통해서는 조직에서 인식하고 있는 반복적인 작업을 처리하고, 직원 주도의 바텀업 접근 방식을 통해서는 조직이 놓치고 있던 자동화가 가능한 하위 작업들을 파악해야 한다. 즉, 기업은 자동화를 성공적으로 해내기 위해, 바텀업 프로세스뿐만 아니라 탑다운 프로세스를 처리할 수 있는 메커니즘을 구축하는 것이 중요하다.

탑다운 방식은 RPA를 통하여 대량의 단순한 업무를 중단 없이 작업해야 할 경우 적당한 방법론으로 대부분의 컨설팅사와 RPA 솔루션사가 추천

하는 방식이다.

바텀업 방식은 다양하고 변화가 많으면서 규모가 작은 현업 담당자들의 업무부터 RPA에 적용하는 방법론이다. 적은 비용과 쉬운 설치 그리고 짧은 구축기간이 장점이다.

2017년 RPA의 국내 도입이 본격화된 이후 국내의 방법론은 탑다운이 주를 이루었다. 비용과 유지 보수 등의 관점으로 보았을 때, 특히 중견 기업의 경우에는 바텀업 방법론이 적절해 보인다.

Q. RPA 프로젝트 평균 개발 기간은 얼마나 되나?

구축하고자 하는 과제의 숫자와 복잡도, 그리고 구현하는 투입 인력의 전문성과 인원수에 따라 매우 다양하다. 현재 국내에서 진행되는 프로젝트의 평균을 본다면, 10~15개 정도의 업무 경우, 3개월이라는 기간에 12M/M가 소요되고 있다. 탑다운 방식으로 구축하는 경우 라이선스와 개발비용을 포함하여 1억에서 1억 5천 내외가 평균 계약가였다. 바텀업 방식으로 구축한다면 이 비용의 30~50%로 가능하다.

Q. RPA 운영 시 가장 유의해야 할 점은 무엇인가?

현업 담당자와 RPA 추진팀 간의 이해도에 따른 커뮤니케이션 갭이 중요한 요소이다. RPA 추진을 IT팀에서 담당한다면 협업 부서와의 갭은 더욱 크다고 볼 수 있다. RPA 추진을 TFT나 디지털트랜스폼팀 즉, 별도의 전담팀에서 맡는다면 이 갭은 줄어든다. RPA 구현 업무를 가장 잘 나타내는 현업 담당팀은 대상 업무를 제안하고, IT팀은 구현을 도와주며, TFT는 꾸준한 업무 조율과 교육을 지속하는 것이다. 이렇게 한다면 RPA 구현 성공 확률을 높일 수 있을 것이다. 향후 현업 주도의 RPA 추진이 대세를 이룰 것으로 보인다. 이 경우 쉬운 솔루션 사용법과 지속적인 교육이 반드시 수반되어야 한다.

CxO 레벨의 기대는 RPA를 통한 인원 절감에 있겠지만 실제로는 직원의 만족도와 생산성의 증진에 있었다. 인원을 절감했다는 사례는 보기 드물다. 즉, 비용을 절감하기 위해 RPA를 도입한 경우, 기대한 것보다 운영 비용의 절감을 이루었다는 사례는 드물다. 또한 AI 수준의 RPA를 기대했다면 많은 실망을 할 수 있다. 현재 RPA의 수준은 기초적인 수준이다. 추후에 인지Cognitive 등이 추가되어 진화할 예정이다. 쉬운 확산을 기대했던 것과는 다르게 현업 담당자가 업무 적용에 생각보다 어려워할 수도 있다.

따라서 시간의 절약을 통한 생산성의 향상, 직원의 근무 만족도 향상을 목표로 두고 추진하는 것이 현실직이다. RPA와 AI는 다른 존재이며 AI가 두뇌라면 RPA는 손과 발의 역할이라고 보면 된다. 즉, 상호 보완적인 존재이다. 1인 1봇 같은 확산을 위해서는 사용자 툴Tool이 쉬워야 하며 싱글사인온 등 기존 포털시스템적 접근이 필요하다.

Q. RPA 도입 시 주요 고려사항은 무엇인가?

• RPA 적용이 용이한 업무의 유형

규칙 기반의 표준화된 반복 업무, 수작업 오류가 많으면 인력과 시간을 많이 필요로 하는 업무 등이 주요 대상이다.

• 실제 구현 시, 보다 심층적이고 섬세한 접근 요구

- 업무의 상황적 특성과 기술적 요구 수준에 따라 시간과 비용에 큰 차이: 예외 케이스 가능성, 담당자의 의사결정 개입 수준, 전후 프로세스 연계, 기존레거시 시스템 연동, 텍스트 인식 수준과 기술적 한계 등에 따라 난이도 상이

- 기술이 아닌 업무 프로세스에 대한 정밀한 분석과 이해가 성패를 좌우:

일반적인 프로세스 분석을 넘어 현업 업무에 대한 활동 단위의 상세화한 시나리오워크플로우 정의 수준이 도입 후 성과를 좌우

- 빠르게 할 수 있고, 작고, 간단한 업무Quick & Small Start on Simple Process 우선 적용 후 단계적 확산 모색: RPA 프로젝트는 현업 담당자의 RPA에 대한 경험과 학습 수준이 실제 구현단계에서의 오류를 최소화하는 데 매우 중요한 요소로 작용한다. 단순하고 쉬운 프로세스를 대상으로 하여 RPA를 우선 적용하여 현업 담당자의 RPA에 대한 학습 수준을 높인 후, 타 분야로 확산하는 것이 용이

• 점진적으로 조직 차원의 인적 자산 및 역량 체계 재설계 병행 추진

- 단기적으로는 주 52시간 시대, 현업의 업무 효율성 제고를 위한 지원 툴로 활용될 전망

  → 근무 시간 단축에 따른 업무 생산성 제고 툴로 불필요한 업무 부담을 줄이는 방향으로 도입이 이루어질 것으로 예상

  → 중장기적으로는 전략 및 혁신 등 고부가 가치 업무 중심으로 인적 역량 재설계를 병행할 필요

  → AI 등 기술 발전에 따라 RPA 적용 수준과 범위가 확대되고, 인력 대체를 포함하는 조직 구조와 인력 수요의 변화를 예상

  → 이에 따라 Insight가 필요한 전략 업무, 이해관계 조정 및 업무 혁신 등 통합적인 조율자이자 디자이너 역할을 중심으로 역량체계 재설계 필요

Q. RPA는 커스터마이징이 가능한가? 가능하다면 어떻게 하는가?

일반적인 응용 프로그램 통합과 마찬가지로 RPA 도구는 다양한 코드 프레임 워크와 호환된다. RPA 도구에 따라 이러한 프레임 워크를 사용하

여 광범위한 통합 기능을 제공할 수 있다. 가장 일반적인 방법 중 하나는 Windows.NET 프레임 워크이며, 현재 RPA 도구 내에서 가장 널리 사용되는 코딩 라이브러리로, 개발자가 자동화를 향상시키기 위해 C# 또는 VB 언어를 사용할 수 있다.

RPA는 많은 코드를 작성하지 않고도 정교한 통합을 수행할 수 있는 기능에 의존한다. 그러나 사용자 지정 코드가 솔루션을 최적화하는 경우가 발생할 수 있다. 대부분의 RPA 도구를 통해 개발자는 프로세스에 코드를 직접 포함할 수 있다. 이는 일반적으로 추가 사용자 정의를 위한 코드 기반 입력을 포함하는 오브젝트 또는 조치를 통해 수행된다. 예를 들어, 스프레드시트를 채우는 작업을 수행하는 개체는 코드와 함께 포함되어 데이터와 셀에 고급 서식을 적용할 수 있다.

추가 코드의 다른 용도로는 특정 작업을 수행하는 사용자 지정 외부 스크립트를 실행하는 것이 포함된다. 이 전략은 기능을 향상시킬 수는 있지만 '이동 부품'의 양을 늘리고 자동화 유지를 어렵게 만들 수 있다. 또한 스크립트가 완전히 보안되지 않고 외부에서 액세스할 수 있는 경우 사용 시 보안 위험이 발생할 수 있다.

모든 RPA 배포가 코드 통합에 의존하는 것은 아니지만 다양한 코드 프레임 워크와 호환되므로 프로세스의 기능이 향상될 수 있다. 시스템이 SOAP 또는 REST API를 사용하는 경우 먼저 데이터 검색을 단순화하기 위해 RPA 도구 내에서 기본 제공 기능을 찾는다.

참고로 Softomotive사는 오픈소스로 RPA 랭귀지인 로빈Robin을 지원하고 있다. 다음 주소에서 다운로드받을 수 있다.

(https://robin-language.org/)

지원하고 있다. RPA에 대한 클라우드 네이티브 접근 방식은 전 세계에서 자동화가 구현되는 방식을 변화시킬 수 있다. 클라우드는 이미 자동화의 이점을 활용하는 조직에 실질적인 개선을 제공할 뿐만 아니라 기술을 수용하고 싶지만 이전에는 진입 장벽을 극복할 수 없었던 비즈니스를 위한 디지털 우선 접근 방식을 지원한다.

기존 솔루션은 개발자를 염두에 두고 설계되는 반면, 클라우드 네이티브 플랫폼은 사용자가 프로세스를 소유할 수 있도록 하여 디지털 인력을 구축하는 데 필요한 기술이나 비용을 줄인다.

사이버 보안 문제도 클라우드에서 해결된다. 수동 패치가 필요하지 않거나 특정 시간에 업데이트가 되기를 기다리지 않아도 클라우드의 RPA 플랫폼은 항상 최신 상태이며 안전하다. 또한 RPA-as-a-Service[1]를 통해 기업은 비즈니스 요구에 따라 프로세스를 확장 및 축소할 수 있어 모든 종류의 비즈니스에 자동화를 제공할 수 있다.

있을 수도 있고 없을 수도 있다. 일반적으로 RPA로 비즈니스 프로세스 실행에 들어가는 자원은 37%가량 줄어들고, 실행 시간은 5~10배까지 빨라졌다. 하지만 자동화로 생산성이 증대되었다고 해서 반드시 인력 감축으로 이어지는 것은 아니다. 오히려 더 크고 복잡한 고부가 가치의 일거리를 맡기기 위해 인력을 재배치하는 현상이 나타나고 있다.

근로자들이 기피하는 일거리를 기술에 위임하면서, 자동화에 대한 반응은 일단 긍정적이다. 하지만 동시에 새로운 기술에 대한 불안감도 엿보인다. 단순 업무가 사라지면 해당 업무를 처리하던 사람들의 일자리도 사라지지 않을까 하는 걱정이다. 실제로 비즈니스 자동화의 원래 목적은 풀타임 근로자 수와 일자리를 기술로 대체하려는 데 있었다. 자동화 경험이 축적될수록 로봇이 대체할 수 있는 것은 하나의 일자리 전체가 아닌 특정 업무에 국한돼 있다는 점이 분명해지고 있다. 업무 자동화로 확보된 잉여 노동력 및 역량은 더 높은 가치를 창출하는 업무로 전환되고 있다.

Q. RPA 대상이 되는 프로세스를 산출하는 방법에는 어떤 것이 있는가?

첫째, 업무담당자와 질문을 하는 세션을 가져서 자동화하는 데 필요한 과정을 하나씩 사용자의 컴퓨터로 설명을 한다. 애플리케이션, 웹 페이지, 파일 등을 직접 띄우면서 하게 된다. 둘째, 모든 질문과 답은 오디오와 비디오로 녹음/녹화하여 확실한 리뷰가 가능하도록 한다. 사전에 사용자에게 녹화/녹음을 허락받고 시작하며, 녹화는 WebEx/Teamviewer 녹음은 MP3 Skype Recorder 등과 같은 어플을 사용한다. 셋째, 사용자에게 해당 프로세스에 대해 자동화를 하고 나면 실제 어떻게 도움이 될지, 비즈니스 관점에서 어떤 의미가 있는지 등에 대해 설명한다.

그렇게 해서 집계된 대상 프로세스를 미리 만들어 둔 선정 기준 평가표를 거쳐 최종 선정한다.

Q. RPA와 테스트 자동화의 차이는 무엇인가?

기본적으로 RPA 솔루션의 실행 부분은 테스트 자동화Test Automation 솔루션과 유사하다. 애플리케이션 사용자의 행위를 기록Record하고 기록에 기반한 스크립트가 자동 생성된다. 이후 스크립트를 수작업으로 일정 부분 수정하고, 테스트 데이터를 연결한 후 실행하고 실행 결과를 기록하도록 한다. 이후 실행 기록을 분석하여 원하는 결과를 도출한다.

실행 관점에서 기존 테스트 자동화 솔루션과 RPA의 가장 큰 차이점은

"추상화"의 정도라고 할 수 있다. 테스트 자동화 솔루션의 유저는 IT 전문가이다. 즉 자동 생성된 스크립트를 보고 해석하고 수정할 수 있는 능력이 있는 사람을 대상으로 한다. 이에 반해 RPA 솔루션은 PC를 가지고 비즈니스 업무를 보는 보통 사람을 유저로 한다. 따라서 워크플로우 등 보통 사람이 쉽게 이해할 수 있는 그래픽Graphical 인터페이스가 스크립트를 대신한다.

Q. RPA 개발 시 효율성을 높일 수 있는 방안이 있는가?

RPA 프로젝트는 2가지 요소에 의해 개발의 효율성 및 성공이 좌우된다. 첫째는 산업 도메인산업에 대한 이해와 지식이 있는을 보유한 개발자가 프로젝트를 수행할 시 훨씬 향상된 결과물을 얻을 수 있다. RPA의 시작은 현업 사용자와의 인터뷰에서 시작되면 해당 산업에 대한 이해와 상호 커뮤니케이션의 정확도로 확연한 결과의 차이를 보이기 때문이다. 둘째, 프로세스 마이닝Process Mining과 같은 툴을 사용하면 과제 대상을 수집하고 개발 후 결과물과 계획의 차이를 확인하는 데 용이하다. 외산뿐 아니라 국산 솔루션퍼즐데이터, 아이오코드도 있기에 함께 살펴보는 것을 권장한다.

Q. RPA 모니터링은 어떻게 수행되는가?

RPA 솔루션 자체에서 제공하는 기능은 아래와 같다.

- 전사적으로 프로세스 및 로봇 워크로드 배포를 자동화한다.
- 트랜잭션 큐, 트리거 및 스케줄링을 생성하여 운영 환경을 설정하고 관리한다.
- 이벤트 로그, 이메일 모니터, Ping, 핫키 및 파일 모니터를 포함한 다양한 트리거를 옵션 목록에서 선택할 수 있다.
- 감사, 로그 모니터링 및 거버넌스를 지원한다.
- 오류 처리 및 폴백에 대한 알림과 함께 작업 모니터링을 한다.

디지털 혁명, RPA의 습격

• 사용자 추가, 역할, 환경, 글로벌 변수, 로봇 풀 및 대기열 설정과 처리를
  한다.

이외에 필요한 모니터링 기능은 추가하여 연동·관리할 수 있다.

Q. RPA 장애(에러) 처리 과정은 어떻게 되는가?

프로세스가 성공적으로 실행되지 않을 경우를 대비해 수행할 작업을 지정
할 수 있다. 다음 중 하나, 일부 또는 모두를 선택할 수 있다.

1. 여러 수신자에게 이메일을 보낸다.
2. 프로세스 데이터베이스에서 지정된 다른 프로세스를 실행한다.
3. 경로를 지정할 수 있는 텍스트 파일에 이벤트 쓰기. 이벤트가 끝에 작
    성되므로 프로세스 실패에 대한 실행 로그를 유지할 수 있다.
4. Windows 응용 프로그램 이벤트 로그에 기록하도록 하여 향후에 로그
    를 볼 수 있도록 한다.
5. 실패한 프로세스를 잘못된 것으로 설정하도록 선택할 수 있다. 프로세
    스를 잘못된 것으로 설정하면 이 프로세스를 사용하는 트리거 또는 스
    케줄이 프로덕션의 검토에서 새 버전의 장애가 발생한 것을 대체할 때
    까지 실행되지 않는다.
6. 로그에 스크린샷 추가를 수행한다. 실패 시 스크린샷을 생성하여 감사
    탭을 통해 보고 저장할 수 있다.
7. 캡처 비디오 감사 탭을 통해 녹화된 비디오에 액세스하고 문제 해결
    시간을 최소로 줄이기 위해 실행 중인 프로세스에서 발생하는 오류의
    비디오 로그를 캡처한다.

대부분의 RPA 프로젝트는 기존 시스템과의 연동으로 이뤄진다. 그동안 RPA가 2~3년 동안 검증과정을 거치면서 그 가치를 충분히 인정받았다. 이제부터는 독자적인 RPA 프로젝트가 대두될 것으로 예상한다. 또 하나의 변화는, 별개라고 생각되던 많은 기존 개발 프로젝트와의 연계를 통해 프로젝트의 효율을 올리는 방안이 제고될 것이며 활성화될 것이다. 즉, 스마트팩토리 플랫폼과의 연동, 각종 애플리케이션과의 연동, 학사 행정시스템과의 연계, 의료시스템과의 연계 등이 그것이다.

Q. RPA는 소규모 회사에도 적용 가능한가?

RPA가 효과를 올릴 수 있는 회사 업무는 대규모이건 소규모이건 어디에나 있으며 충분히 적용 가능하다. 다만, 앞에서 언급한 탑다운의 접근 방안은 많은 사전 작업 및 기간과 비용이 소요되어 사실 대규모 엔터프라이즈 기업이 먼저 적용한 것이다. 이제는 바텀업이라는 접근 방안을 고려해 볼 차례다. 가볍고 리스크를 줄이며, 비용과 기간을 최소화하여 RPA를 선 도입해 보고 향후 확장 방안을 고려해 보는 현명한 바텀업 방안을 권장한다. 그중 하나의 방법은 개인 RPA어텐디드, Attended를 데스크탑부터 적용해서 현업 사용자의 프로세스를 효율화해 보는 것이다.

Q. RPA 도입 후 인력, 비용, 업무 개선도를 측정할 수 있는 지표가 있는가?

FTE는 Full-Time Equivalent의 약자로, 1달 혹은 1년 등 정해진 기간 내에 풀타임 노동자가 수행하는 근무 시간의 총량을 의미한다. FTE는 총 필요 노동 시간을 나누어서 작업을 완수하는 데에 필요한 노동자의 수를 계산한다. 이는 일정 계산에 도움이 된다. FTE 절약과 관련한 개념은 다소 단순하다. 직원이 현재 거래를 완료하는 데 걸리는 시간을 결정하고 봇이 동일한 거래를 완료하는 데 걸리는 시간을 추정해야 한다. 완료된 트랜잭션 당 시간 절약에 트랜잭션 수를 곱하면 필요한 수치를 얻을 수 있다.

Q. RPA 개발 및 운영에서 비IT 담당자들이 느끼는 어려움을 극복할 수 있는가?

RPA의 기본 철학은 현업 담당자가 본인의 업무를 RPA라는 자동화 툴을 이용하여 생산성을 높이는 것에 있다. 즉, 해당 업무를 가장 잘 알고 있는 현업 담당자가 RPA의 주 개발과 운영자라는 전제가 된다. RPA가 소프웨어적인 툴이고 사용법에 일정 시간의 익숙함을 요하기 때문에 바로 적응하여 활용하기에는 어려움이 있는 것이 사실이다. 예를 들어, 엑셀을 처음 썼을 때를 생각해보자. 메뉴를 이리저리 써가며, 잘하는 사람에게 물어보며 사용하다보면 어느 순간 웬만한 업무는 잘 사용하게 된다. 하지만 여전히 수천 가지 엑셀의 전체 기능은 잘 모르며 전문교육을 통하여 좀 더 잘 사용하게 된다. 물론, RPA 툴이 가시성과 사용법에서 최대한 쉬워야 한다. 둘째, 교육과정이 단계별로 잘 지원되어야 한다. 얼마나 쉽게 RPA가 비IT 현업 담당자에게 다가갈 수 있느냐에 RPA 확장의 성패가 달려 있다고 해도 과언이 아니다. 솔루션 벤더와 구축 개발사는 이러한 점에 집중해야 한다.

Q. RPA에 코딩이 필요한가? 그리고 프로세스를 추가할 수 있는가?

기본적으로 RPA의 코딩을 권장하지는 않는다. Softomotive의 경우 최대 5% 이하를 권장한다. 다만, 업무 프로세스를 RPA에 구현하는 과정에서 개발자의 역량에 따라 코딩을 수행하면 더 좋은 성능이나 빠른 개발을 구현할 수 있다. 이런 경우 코딩을 진행한다. 더불어 기본 프로세스를 라이브러리 형태로 이미 제공하고 있으나 사용자가 개인만의 특정한 프로세스를 구현하고자 한다면 추가할 수 있다. 이때 로빈Robin, http://robin-language.org과 같은 오픈소스를 활용하여 개인화 기능을 구현할 수 있다.

▶ 가장 효율적이고 가장 쉬운 RPA

부록

로봇 프로세스 자동화 RPA

사람이 반복적으로 처리해야 하는 단순 업무를 로봇 소프트웨어를 통해 자동화하는 솔루션이다. 인공지능AI 초입 단계인 자동화 기술로, 단순 프로그래밍 보다 한 단계 더 복잡한 명령을 수행한다. 예를 들어 사람이 직접 여러 시스템에 접속해서 화면별로 값을 입력하고 엑셀로 작업하는 복합 작업을 그대로 따라할 수 있다. RPA 자동화는 데이터를 캡처하고, 애플리케이션을 실행하고, 응답을 트리거하고, 다른 시스템과 통신하여 다양한 작업을 수행한다.

인공지능 Artificial Intelligence, AI

인간의 지능으로 이뤄지는 사고, 학습, 자기 개발 등을 컴퓨터가 수행할 수 있도록 하는 방법을 연구하는 컴퓨터 공학 및 정보기술의 한 분야로서, 컴퓨터가 인간의 지능적인 행동을 모방할 수 있도록 하는 것이다. 요즘 RPA+AI가 점차 진화하면서, RPA의 성능과 사용성도 대폭 증대되고 있다.

어텐디드 RPAAttended RPA 또는 어텐디드 로봇

유인有人봇, 사이드봇SideBot, 데스크탑 RPA, 퍼스널 봇을 뜻한다. 어텐디드 RPA는 언어텐디드 RPA와 비교해서 이해하면 쉽다. 언어텐디드 로봇이 사람의 개입 없이 초기 설정으로 24시간 돌아가는 소프트웨어 로봇이라면, 어텐디드 로봇에게는 사람의 개입과 의사결정이 필요하다. 즉 직원의 워크스테이션PC에서 작동하며 직원이 업무 지시를 할 수 있다. 사용자의 명령과 인스턴스에 의해 트리거된다. 로봇은 작업을 계속하기 위해 사용자의 입력이 필요하며, 액세스는 종종 특정 부서 또는 워크스테이션 내의 직원에게만 국한된다.

자동화 디자인 Automation Design

필요한 조건과 요소, 수치 등을 컴퓨터에 입력시키고 변동 요인 등을 고정시킨 후에 구하는 대상물을 미리 알아볼 수 있도록 정형화된 순서와 계산식에 따라 설계하는 것이다.

비즈니스 인텔리전스 Business Intelligence

기업에서 데이터를 수집, 정리, 분석하고 활용하여 효율적인 의사 결정을 하도록 하는 애플리케이션과 기술의 집합이다. 기업 경영에서 내비게이션 역할을 수행하는 것에 비유할 수 있다. 비즈니스 인텔리전스BI 애플리케이션은 의사 결정 지원 시스템, 조회 및 응답, 올랩OLAP, 통계 분석, 예측 및 데이터 마이닝 등이 기본이 되지만, 필연적으로 기업의 데이터베이스와 데이터 웨어하우스DW, 기업 자원 관리ERP 등과도 관련이 있으므로 넓은 의미로는 이 모든 분야를 포함하기도 한다.

비즈니스 프로세스 관리 Business Process Management, BPM

모델링, 자동화, 데이터 통찰력을 사용하여 비즈니스 활동, 기업 목표 및 직원 운영을 최적화하는 방법이다. 기업 내외의 비즈니스 프로세스를 가시화하고, 비즈니스의 수행과 관련된 사람과 시스템을 프로세스에 맞게 실행·통제하며, 전체 비즈니스 프로세스를 효율적으로 관리하고 최적화할 수 있는 변화 관리 및 시스템 구현 기법이다. 지속적으로 성장·변화·발전하며, 각 프로세스 흐름을 이해하고, 기술 솔루션인 비즈니스 프로세스 관리 시스템을 기반으로 확장시킬 수 있는 비즈니스 프로세스를 직접 구현한다는 가정을 전제로 한 시스템이다. 프로세스를 정의하고 효율적으로 자동화하는 RPA와 맞물리는 분야이기도 하다.

Centre of Excellence CoE

RPA 구축 초기에 RPA의 효과적인 구현 및 지속적인 배포를 지원하기 위해 기업/조직 내 만든 부서로, IT 엔지니어, 개발자뿐 아니라 업무 프로세스를 가장 잘 알고 있는 현업 담당자 등 조직 내 여러 부서의 구성원을 포함한다. 요즘은 RoE라는 용어로도 많이 사용되고 있다.

코그니티브 오토메이션 Cognitive Automation

비정형데이터와 정형 데이터 모두 작업할 수 있는, 일반 RPA 보다 한 단계 업그레이드된 자동화 프로세스이다.

명령어 인터페이스 Command-line Interface, CLI

컴퓨터 운영체계나 응용 프로그램과의 사용자 인터페이스로서, 사용자는 프롬프트가 나타나면 정해진 줄 위에 명령어를 입력하고, 시스템으로부터 이에 대한 응답을 받은 다음, 또다시 다른 명령어를 입력하는 식으로 진행된다.

딥 러닝 Deep Learning

다층구조 형태의 신경망을 기반으로 하는 머신 러닝의 한 분야로, 다량의 데이터로부터 높은 수준의 추상화 모델을 구축하고자 하는 기법이다. 깊은 학습을 통해 자동화 로봇은 화면에서 이미지를 식별하고, 언어를 인식하고, 결과를 예측하는 것과 같은, 사람이 하는 업무를 모방할 수 있다.

기업 자원 관리 Enterprise Resource Planning, ERP

생산 관리, 판매 관리, 인사 관리, 재무 관리 등 기업의 기본적 업무를 컴퓨터 시스템을 사용하여 밀접하게 관련시켜 실행하는 것이다. 즉, 인력/생산재/물류/회계 등 기업의 모든 자원을 전체적으로 관리하여 최적화된 기업 활동을 가능하게 하는 전산 시스템이다.

엔터프라이즈 RPA Enterprise RPA

기업이 RPA 로봇의 생성 및 구현을 자동화하고 최적화하는 것을 목표로 하는 RPA 시나리오이다. 여기에는 유연한 프로세스 흐름에 의해 지원되는 조직의 '사람이 업무를 하는 팀'과 관련하여 로봇을 배치하는 방법에 대한 전략이 포함된다.

풀타임 이퀴벌런트 Full-time Equivalent, FTE

FTE는 노동 투입과 관련된 것으로, 임의의 업무에 투입된 노동력을 전일 종사 노동자의 수로 측정하는 방법이다. FTE가 1이면 A라는 임무에 투입된 전일 종사 노동자가 1명임을 의미한다. 만약 반일 종사 노동자 2인이 A 임무에 투입되었다면 A 임무에 투입된 FTE는 2가 아니라 1이 된다.

그래픽 사용자 인터페이스 Graphical User Interface

사용자가 컴퓨터를 사용할 때 컴퓨터 사용에 관한 명령어를 알아야 할 필요 없이 마우스로 창, 메뉴 및 그래픽 아이콘graphic icon만 클릭하면 프로그램 작업을 트리거할 수 있도록 만든 시스템이다.

머신 러닝 Machine Learning

인공지능의 연구 분야 중 하나로, 인간의 학습 능력과 같은 기능을 컴퓨터에서 실현하고자 하는 기술 및 기법이다. 소프트웨어 로봇과 인공 지능이 각각의 새로운 상황에 대해 개별적으로 정확하게 프로그래밍될 필요 없이 패턴 인식을 통해 새로운 프로세스를 학습할 수 있도록 한다.

자연 언어 처리 Natural language processing, NLP

인간이 통상적으로 쓰는 언어를 컴퓨터에 인식시켜서 처리하는 일이다. 인공지능의 일부인 NLP를 사용하면 컴퓨터는 사람이 사용하는 언어를 이해하고 해석하고 모방할 수 있다.

비 지속성 VDI Non-persistent VDI

사용자가 설정한 바로가기 또는 파일 설정을 저장하지 않은 대신 사용자가 로그아웃
할 때마다 동일한 데스크톱으로 되돌리는 일반 가상 데스크톱 인프라를 뜻한다.

광학 문자 인식 Optical Character Recognition, OCR

종이 등에 인쇄되거나 손으로 쓴 문자, 기호, 마크 등을 광학적 수단에 의해 인식하여
기계가 읽을 수 있는 PDF 파일, 이미지 및 문서 등의 컴퓨터 텍스트로 변환하는 것으
로, 역시 RPA와 접목되어 업무의 많은 부분을 자동화하는 데 일조하는 기술이다.

파일럿 프로그램 Pilot Program

초기 개념 증명 단계를 따르는 자동화 테스트를 통해 복잡한 조건에서 로봇이 예상대
로 작동하는지 확인하는 테스트이다.

개념 증명 Proof of Concept, POC

RPA 도입 이전에 주어진 요건에 맞춰 RPA 자동화를 테스트하여 한계를 발견하고 로
봇이 의도한 대로 작동할 수 있도록 하는 단계로, 아직 시장에 나오지 않은 신제품에
대한 사전 검증을 위해 사용되기도 한다.

RPA 로드맵 RPA Roadmap

자동화 설계 단계 이후에 제공되며 RPA 목표를 달성하기 위한 지침을 기업에 제공하
는 계획이다. 여기에는 자동화를 위해 선택된 프로세스의 비용 편익 분석이 포함된다.

역할 기반 접근 제어 Role-based Access Control, RBAC

조직에서의 사용자 역할을 기반으로 접근 권한을 특정 사용자가 아닌 해당 역할을 가
진 사용자 그룹에게 부여하는 방식이다. 상업적인 조직에 잘 맞아 널리 사용되고 있다.

RPA 환경 RPA Environment

회사 단일 부서 내에서 자동화되고 결합된 일반적인 프로세스를 말한다.

RPA 운영 모델 RPA Operating Model

RPA가 어떻게 설계되고 구현되는지에 대한 계획으로, 이 모델에는 종종 프로세스 설
계자, 기술 전문가/관리자 및 지속적인 유지 보수 및 지원 인력이 필요하며, 회사 및
산업에 따라 자동화 목표에 가장 잘 부합하도록 약간씩 변경된다.

스크린 스크래핑 Screen Scraping

인터넷 스크린에 보이는 데이터 중에서 필요한 데이터만을 추출하도록 만들어진 프로그램이다. 각 사이트로부터 데이터를 수집해 오는 기술과 일정 포맷으로 변환하는 기술, 스크래핑 구동 기술이 핵심이며 구조 형태에 따라 서버 의존형, 클라이언트 의존형, 혼합형으로 구분된다.

언어텐디드 RPA Unattended RPA

무인無人봇, 솔로봇SoloBot을 뜻한다. 트리거 될 때 365일 기준으로 구동되며 인간의 개입이 거의 필요 없는 소프트웨어 로봇이다. 이 로봇은 24시간 연속 자동화가 가능한 일괄 처리 모드에서 지속적으로 작업을 완료한다. 이 로봇은 다양한 인터페이스와 플랫폼을 통해 원격으로 액세스할 수 있으며 관리자는 중앙 집중식 허브에서 실시간으로 일정, 보고, 감사, 모니터링 및 수정 기능을 보고, 분석하고 구현할 수 있다.

비구조화 데이터 Unstructured Data

비정형데이터를 뜻한다. 일정한 규격이나 형태를 지닌 숫자 데이터Numeric Data와 달리 그림이나 영상, 문서처럼 형태와 구조가 다른 구조화되지 않은 데이터이다. 사례로는 책, 잡지, 의료기록 문서, 음성 정보, 영상 정보와 같은 전통적인 데이터 이외에 이메일, 트위터, 블로그처럼 모바일 기기와 온라인에서 생성되는 데이터가 있다.

가상 환경 Virtual Environment

가상 현실을 재현하기 위해서 컴퓨터 스크린 또는 특수한 전시를 통한 시각적 경험과 함께 소리 및 음성을 포함한 감각 정보를 추가하여 인공적으로 만든 합성 환경이다.

RPA 트렌드

2019년 Whizlabs.com에 기고된 RPA 트렌드 TOP 10
https://www.whizlabs.com/blog/top-rpa-trends/

1. 주요 업무에서의 RPA의 성장

Capgemini가 발표한 RPA 예측 보고서에 따르면 RPA는 현재 39%의 기업에서만 사용되고 있다. 대부분의 기업들은 여전히 보안 기능으로 인해 주류에 RPA 배포를 주저한다. 그들은 여전히 로봇 공학으로의 이동과 클라우드 컴퓨팅이 비즈니스에 적합하지 않다고 믿는다. 또한, 보고서에 따르면 42%의 기업이 주업무에 RPA를 배치할 준비가 되어 있지 않은 것으로 나타났다. 그러나 2019년 RPA에 대한 예측에서, 많은 기업들이 다음 해에 RPA로 이동할 것이며 이것은 그들의 제품이나 서비스에도 더 많은 성장을 가져올 것이라 내다봤다. 프론트 엔드와 백 엔드 프로세스는 현저히 줄어들 것이다.

2. 고용 기회의 증가

2018년까지만 해도 RPA의 증가는 인간의 역할이 감소돼 인간이 일자리를 잃을 것이라는 분석이 지배적이었다. 그러나 RPA 트렌드에서는 인간의 책임이 다변화될 것이라고 말했다. 다시 말해 인간의 역할이 변경된다는 것이다. 단순한 업무를 RPA로 수행하면 추가적으로 더 필요한 기술을 개발하거나 비즈니스 분석을 다변화하여 새로운 비즈니스의 성장에 도움이 되는 등의 새로운 역할이 추가될 것으로 전망된다. 또한, RPA에 의해 창출된 일자리는 그것이 IT이든 서비스와 같은 영역이든 간에 다른 산업 분야의 발전을 가져올 것이라고 말하고 있다. 한 기관의 조사에 따르면 2010년과 2015년 사이에 6만 대의 산업용 로봇이 배치되었는데 이로 인해 창출된 일자리 수는 23만 건으로 집계되었다고 한다. 단순한 업무가 아닌 보다 고도화된 생산성을 활용한 다양한 고용 기회가 창출될 것이다.

3. RPA 채택 증가

RPA가 이미 장기적인 성장을 이루었다고 믿는 산업은 거의 없다. 보고서에 따르면 기업의 3.1%는 로봇 프로세스 자동화를 배치하면 비즈니스를 자동화할 수 있다고 생각했다. 향후 RPA는 정보 기술에서 가장 보편적인 요소가 될 것이다. 기업의 RPA 비율은 3.1%에서 36.4%로 크게 증가할 것이다. 세계 각국의 정부 또한 기업이 RPA 솔루션에 적응하도록 돕고 있다.

4. RPA와 다른 도구 및 기술의 통합

실행에 대한 COECenter of Excellence 접근 방식은 가장 성공적인 RPA 이니셔티브 중 하나이다. COE는 새로운 기술을 업계에 처음 도입하는 기술에 적용할 수 있는 접근 방식이며, 조직적으로나 문화적으로 집중할 수 있는 가치를 제공할 것이다. 다른 자동화 도구와 함께 사용하면 RPA의 확장성은 더욱 발전할 것이며 새로운 혁신을 가져올 새로운 디지털 시대가 시작될 것이다. 다른 자동화 툴과 통합된 RPA는 기존의 인력을 보다 강력한 디지털 인력으로 전환할 것이다.

5. 인공지능과 기계 학습의 발전

RPA는 인공지능과 기계 학습의 디지털 인력이다. 이러한 지능형 기술을 사용하여 혁신 리더 및 비즈니스 개척자는 직원 배치에서부터 재무 및 개발에 이르기까지 모든 것을 위한 최상의 프레임 워크를 개발할 수 있다. 한 보고서에 따르면 4년 안에 인공지능과 결합된 로봇 프로세스 자동화가 효과를 발휘할 것이라고 한다. 그 외에도 회사의 25%는 인공지능과 로봇 프로세스 자동화가 궁극적으로 작업의 필요성을 변화시킬 것이라고 믿고 있다.

6. 직원의 참여와 고객 경험 향상

로봇 프로세스 자동화는 특히 직원 참여에 도움이 되는 솔루션이라고 말한다. 직원에게 기업이란 생존이며, 기업에서 직원은 모든 조직의 얼굴이다. 기술 지원 솔루션 제공과 관련하여 고객에게 지원을 제공하여 비즈니스를 관리한다. 모든 비즈니스의 민첩한 해결은 궁극적으로 기업 운영의 가장 중요한 부분이다. RPA는 직원 참여를 통한 모든 비즈니스에서 매우 중요한 역할을 할 것으로 기대된다. 고객 응대에서도 챗봇과 같은 더 많은 옵션을 제공하여 일관성을 유지하고, 이로 인해 고객 만족도 향상 및 브랜드 충성도 제고를 일으킬 수 있을 것이다.

7. 인간과 로봇의 팀

RPA 추세에 대해 이야기할 때, 가장 중요한 요소가 바로 로봇이다. 어떤 형태로든 (탑승을 하든, 부착을 하든) 인간과 함께 작동하는 로봇, 즉 유인 로봇은 2018년 이전에는 30%에 불과했지만 2018년 말에는 50%에 도달하였다. 우리는 로봇이 더 많은 기술과 집중을 필요로 하는 작업을 수행하는 데 유용하다는 것을 알고 있다. 이것은 어떤 조직에서든 인간의 책임을 변화시킬 것이다. 무인 로봇은 인간 활동을 포함하지 않는다. 2019년 RPA 추세에서 유인 로봇의 채택이 70% 정도에 도달할 것이라고 예측했다.

8. 아웃소싱 작업의 대체

비즈니스 프로세스 아웃소싱을 다루는 많은 회사가 있지만 예측에 따르면, RPA가 결국 아웃소싱을 대체하게 된다. 2018년 RPA 추세에서 RPA는 아웃소싱에 큰 영향을 미칠 것이라고 언급되었다. 또한 이를 통해 직원들은 새로운 기술을 배우며 기술을 향상시키고 있다. 향후 몇 년 동안 RPA는 아웃소싱 작업 및 비즈니스 프로세스에 큰 영향을 미칠 것이다.

9. AI, 빅데이터, IoT의 성장

인공지능은 혁신에 더 초점을 맞추기 때문에 2019년 이후에 가장 많이 사용되는 기술이 될 것이라고 추측했다. RPA에 관해 이야기하는 경우 기업은 기존 솔루션 보다 효과적인 솔루션으로 이해하고 있다. 인공지능 채택 비율은 날마다 급증하고 있으며, 기업은 생산, 포장 등 다양한 부서에 로봇을 배치하고 있다. 모든 가전제품과 스마트 장치는 IoT를 통해 연결되어 대량의 비정형 데이터를 생성하게 될 것이다. RPA 로봇은 이러한 큰 데이터를 분석하는 데 중요한 역할을 할 수 있다. 또한 IoT에서 중요한 역할을 하므로 데이터 프로세스가 합리화되고 관리 능력이 향상된다.

10. 기업의 확장성 향상

RPA는 기업과 직원들이 부가 가치 창출 활동에 집중할 수 있도록 도울 것이며 이를 사용하는 인력은 더욱 혁신적인 인력이 될 것이다. 직원들은 높은 수준의 사고력으로 더욱 지능화되었다. RPA 도구 및 기술을 통해 인력은 향후 몇 년 동안 보다 높은 수준의 업무에 집중할 것이다. 이에 따라 생산성이 높아지고 결과적으로 서비스의 효율성과 품질을 높이게 될 것이다. 적절한 RPA 애플리케이션은 확장성이 뛰어나고 유연한 인력을 제공한다. 따라서 RPA 산업은 기업의 확장성을 높이기 위해 유용한 애플리케이션을 지속적으로 제공할 것이다.

주(柱)

프롤로그

1 레이 솔로모노프(Ray Solomonoff, 1926~2009): 알고리즘 확률의 발명가

2 올리버 셀프리지(Oliver Selfrdge, 1926~2008): 기계인식의 아버지

3 트렌처드 모어(Trenchard More, 미상): 수학자

4 아서 새뮤얼(Arthur Samuel, 1901~1990): 컴퓨터 게임 및 인공지능 개척

5 앨런 뉴얼(Allen Newell, 1927~1992): 카네기멜론 컴퓨터 인지 연구원

6 허버트 사이먼(Herbert A. Simon, 1916~2001): 경제학자, 인지 심리학자

RPA가 바꿀 일의 미래

1 존 스튜어드 밀(John Start Mill, 1806~1873): 영국 사회학자, 철학자. 〈자유론〉,
〈공리주의〉의 저자

2 러다이트(Luddite) 운동: 19세기 초 영국의 사회운동. 섬유기계를 파괴한 급진파
로부터 시작하여 1811~1816년까지 계속된 지역 폭동. 산업화, 기계화에 반대하
는 운동

3 네드 러드(Ned Ludd): 1770년 2대의 방적기를 파괴했다고 전해지는 신원미상의
인물. 러다이트는 그의 이름에서 따왔으며 이후 급진 기계파괴 운동이 됨

4 레오나르도 다 빈치(Leonardo di ser Piero da Vinci, 1452~1519): 르네상스
대표 화가, 조각가, 발명가, 음악가. 〈수태고지〉, 〈최후의 만찬〉, 〈모나리자〉 등

5 카렐 차페크(Carel Čapek, 1890~1938): 극작가, 출판업자. 〈Rossum's Universal
Robots〉이 대표 희곡

6 아이작 아시모프(Issac Asimov, 1920~1992): 러시아 과학소설가. 4개 공상 과학
소설, 120개 논픽션의 저자. 1942년에 발간한 〈Runaround〉에서 '3가지 로봇법
칙'을 언급

7 프레테릭 윈즐로 테일러(Frederick Winslow Taylor, 1856~1915): 미국의 기계
공학자, 경영학자, 산업공학자, 골프 선수, 테니스 선수. 과학적 관리법을 창안하

디지털 혁명, RPA의 습격

여, 공장 개혁과 경영 합리화에 큰 공적

8 ERP(Enterprise Resource Planning, 전사적 자원관리): 경영 정보 시스템(MIS)
   의 한 종류. 전사적 자원 관리는 회사의 모든 정보뿐만 아니라, 공급 사슬관리, 고
   객의 주문정보까지 포함하여 통합적으로 관리하는 시스템

9 자율주행차·무인자동차(Autonomous Car / Driverless Car / Self-Driving Car /
   Robotic Car): 인간 없이 자동으로 주행할 수 있는 자동차. 무인자동차는 레이더,
   LIDAR(Light Detection And Ranging), GPS, 카메라로 주위의 환경을 인식하여,
   목적지를 지정하는 것만으로 자율적으로 주행 가능

10 제어이론(Control Theory): 전자공학 및 수학이 복합된 학문의 한 분야로서, 동적
   시스템의 거동을 다루는 이론. 주어진 시스템에 대하여 그 입력을 조절함으로써
   그 출력을 원하는 대로 조절하는 제어기(Controller)를 만드는 데에 적용

11 크테시비우스(Ktesibios, B.C. 285~222): 그리스 발명가, 수학자. 압축공기에 대해
   연구. 파이프오르간 발명

12 OECD(Organization for Economic Cooperation and Development, 경제협력
   개발기구): 세계적인 국제기구 중 하나. 경제 성장, 개발도상국 원조, 무역의 확대
   등을 위해 만들어졌으며, 활동은 경제 정책의 조정, 무역 문제의 검토, 산업 정책
   의 검토, 환경 문제, 개발도상국의 원조 문제를 논의. 현재 가입국 36개국(2019년)

13 ICT(Information and Communication Technology, 정보통신기술): 정보기술
   (IT)의 확장형 동의어로 자주 사용되지만, 통합 커뮤니케이션 역할과 원거리 통신
   (전화선 및 무선 신호), 컴퓨터, 더 나아가 정보에 접근하여 저장·전송·조작할 수
   있게 하는 필수적인 전사적 소프트웨어, 미들웨어, 스토리지, 오디오 비주얼 시스
   템을 강조하는 용어

14 ROI(Return On Investment, 투자자본수익률): 투자자의 어떤 자원 투자로 인해
   얻어진 이익을 뜻함. 높은 투자자본수익률은 투자가 투자비용 대비 좋은 성과를
   낸다는 뜻. ROI는 얼마나 효율적으로 투자가 이뤄졌는지, 다양한 투자 방법 간에
   효율성을 측정하는 데 쓰임

15 WTO(World Trade Organization, 세계무역기구): 회원국들 간의 무역 관계를 정의하는 많은 수의 협정을 관리·감독하기 위한 기구. 세계무역기구는 1947년 시작된 관세 및 무역에 관한 일반협정(GATT, General Agreement on Tariffs and Trade) 체제를 대체하기 위해 등장했으며, 세계 무역 장벽을 감소시키거나 없애기 위해 만들어짐

16 주 52시간 근무제: 문재인 정부는 휴식이 있는 삶을 보장하기 위한 '일·생활 균형 및 1,800시간대 노동시간 실현'을 국정과제로 삼았다. 노동시간을 주 최대 68시 간에서 52시간으로 단축하고 특례업종을 축소하는 내용을 담은 '근로기준법' 개 정을 추진. 개정안은 2018년 2월 28일 국회 통과해 2018년 7월 1일 시행(단계적 시행).
   * 시행시기: 300인 이상('18.7.1) / 특례업종에서 제외된 21개 업종('19.7.1.) / 50인 이상~300인 미만('20.1.1.) / 5인 이상~50인 미만('21.7.1.)

17 워라밸(Work-Life Balance): 개인의 업무와 사생활 간의 균형을 묘사하는 단어 로 1970년대 후반 영국에서 처음 등장. 일과 삶의 균형은 일을 위해 할당된 시간 과 삶의 다른 측면 사이에서 개인이 필요로 하는 균형을 묘사하는 데 사용되며, 일-생활 이외의 삶의 영역은 개인의 관심사, 가족, 사회/여가 활동에만 국한되지 않는다.

18 빅데이터(Big Data) 분석: 기존 데이터베이스 관리도구의 능력을 넘어서는 대량 (수십 테라바이트)의 정형 또는 심지어 데이터베이스 형태가 아닌 비정형의 데이터 집합조차 포함한 데이터로부터 가치를 추출하고 결과를 분석하는 기술

19 인공지능(AI, Artificial Intelligence / Machine Intelligence): 인간의 지능을 갖 고 있는 기능을 갖춘 컴퓨터 시스템이며, 인간의 지능을 기계 등에 인공적으로 시 연(구현)한 것. 일반적으로 범용 컴퓨터에 적용한다고 가정. 이 용어는 또한 그와 같은 지능을 만들 수 있는 방법론이나 실현 가능성 등을 연구하는 과학 분야를 지칭

20 로봇공학(Robotics): 로봇에 관한 과학이자 기술학. 로봇공학자는 로봇을 설계, 제조를 하거나 응용 분야를 다루는 일

21 사물인터넷(IoT, Internet of Things): 각종 사물에 센서와 통신 기능을 내장하여 인터넷에 연결하는 기술. 즉, 무선 통신을 통해 각종 사물을 연결하는 기술을 의 미. 인터넷으로 연결된 사물들이 데이터를 주고받아 스스로 분석하고 학습한 정 보를 사용자에게 제공하거나 사용자가 이를 원격 조정할 수 있는 인공 지능 기술.

여기서 사물이란 가전제품, 모바일 장비, 웨어러블 디바이스 등 다양한 임베디드 시스템을 가리킴

22 3차원 인쇄(3D Printing): 연속적인 계층의 물질을 뿌리면서 3차원 물체를 만들어내는 제조 기술(Additive Manufacturing)

23 나노기술(Nano Technology): 10억 분의 1미터인 나노미터 단위에 근접한 원자, 분자 및 초분자 정도의 작은 크기 단위에서 물질을 합성하고, 조립, 제어하며 혹은 그 성질을 측정, 규명하는 기술

24 블록체인(Blockchain): 관리 대상 데이터를 '블록'이라고 하는 소규모 데이터들이 P2P 방식을 기반으로 생성된 체인 형태의 연결고리 기반 분산 데이터 저장 환경에 저장하여 누구라도 임의로 수정할 수 없고 누구나 변경의 결과를 열람할 수 있는 분산 컴퓨팅 기술 기반의 원장 관리 기술

25 베이비붐(Baby Boom): 출생률의 급상승기. 주로, 전후에 많이 일어나는 현상. 대한민국에서는 주로 한국전쟁 이후 태어난 세대에 해당되며 유럽, 미국, 일본에서는 제2차 세계대전 이후 태어난 세대. 약 1955년~1965년 태생

26 윌리엄 스트라우스(William Strauss, 1947~2007): 미국 극작가, 연극 감독

27 닐 하우(Neil Howe, 1951~): 미국 작가, 컨설턴트

RPA 누구와 같이 하면 되는가

1 디지털 트랜스포메이션(DT, Digital Transformation): 클라우드 컴퓨팅을 활용하여 문제를 해결하고 소유 중인 하드웨어 사용자에 대한 의존성을 줄이되 구독 기반 클라우드 서비스에 의존성을 증대시키기 위해 새롭고 빠르고 자주 변화하는 디지털 기술을 사용하는 방식

2 비정형 데이터(Unstructured Data / Unstructured Information): 비정형 정보, 비구조화 데이터, 비구조적 데이터. 미리 정의된 데이터 모델이 없거나 미리 정의된 방식으로 정리되지 않은 정보. 비정형 정보는 일반적으로 텍스트 중심으로 되어 있으나 날짜, 숫자, 사실과 같은 데이터도 포함할 수 있다. 이로써 변칙과 모호함이 발생하므로 데이터베이스의 칸 형식의 폼에 저장되거나 문서에 주석화된 (의미적으로 태그된) 데이터에 비해 전통적인 프로그램을 사용하여 이해하는 것을 불가능하게 만듦

3 CRM(Customer Relationship Management): 소비자들을 자신의 고객으로 만

들고, 이를 장기간 유지하고자 하는 경영방식. 기업들이 고객과의 관계를 관리, 고객 확보, 그리고 고객, 판매인, 협력자와 내부 정보를 분석하고 저장하는 데 사용하는 광대한 분야를 아우르는 방법

4   GUI(Graphical User Interface): 사용자가 편리하게 사용할 수 있도록 입출력 등의 기능을 알기 쉬운 아이콘 따위의 그래픽으로 나타낸 것. 컴퓨터를 사용하면서, 화면 위의 물체나 틀, 색상과 같은 그래픽 요소들을 어떠한 기능과 용도를 나타내기 위해 고안된 사용자를 위한 컴퓨터 인터페이스. 그래픽 사용자 인터페이스에서 어떤 요소를 제어하려면 그 요소에 해당하는 그래픽을 직접 조작해야 함

5   OCR(Optical Character Recognition, 광학 문자 인식): 사람이 쓰거나 기계로 인쇄한 문자의 영상을 이미지 스캐너로 획득하여 기계가 읽을 수 있는 문자로 변환하는 것. 이미지 스캔으로 얻을 수 있는 문서의 활자 영상을 컴퓨터가 편집 가능한 문자코드 등의 형식으로 변환하는 소프트웨어로써 일반적으로 OCR이라고 하며, OCR은 인공지능이나 기계 시각(Machine Vision)의 연구분야로 시작되었음

RPA 누가 어떻게 적용했나

1   TPS(Toyota Production System, 토요타 프로세스 시스템): 토요타 자동차가 개발한 공급 업체 및 고객과의 상호 작용을 포함하여 자동차 제조업체의 제조 및 물류를 구성하는 관리 시스템

2   CoE(Center of Excellence): 조직 내 새로운 역량을 만들고, 확산하기 위한 전문가들의 조합으로 구성한 조직

3   SOX(Sarbanes-Oxley Act, 사베인스-옥슬리법): "상장 회사 회계 개선과 투자자 보호법" 또는 "법인과 회계 감사 책임 법" 또는 Sarbox로도 불리는 미국의 회계 개혁에 관한 연방법률(2002년 7월 30일 발효)

RPA 어떻게 시작하는 것이 좋은가

1   히트맵(Heat Map): 열을 뜻하는 히트(Heat)와 지도를 뜻하는 맵(Map)을 결합시킨 단어로, 색상으로 표현할 수 있는 다양한 정보를 일정한 이미지위에 열분포 형태의 비쥬얼한 그래픽으로 출력하는 것이 특징

2 프로세스 마이닝(Process Mining): 이벤트 로그를 기반으로 비즈니스 프로세스 분석을 지원하는 프로세스 관리 분야의 기술. 프로세스 마이닝 동안 정보 시스템에 의해 기록된 이벤트 로그에 포함된 경향, 패턴 및 세부 사항을 식별하기 위해 특수 데이터 마이닝 알고리즘이 이벤트 로그 데이터에 적용됨

3 롱테일(Long Tail): 파레토 법칙을 그래프에 나타냈을 때 꼬리처럼 긴 부분을 형성하는 80%의 부분. 파레토 법칙에 의한 80:20의 집중현상을 나타내는 그래프에서는 발생확률 혹은 발생량이 상대적으로 적은 부분이 무시되는 경향이 있음. 그러나 인터넷과 새로운 물류기술의 발달로 인해 이 부분도 경제적으로 의미 있게 되었는데 이를 롱테일이라고 함

RPA 무엇을 고려해야 하는가

1 POC(Proof Of Concept): 기존 시장에 없었던 신기술을 도입하기 전에 이를 검증하기 위해 사용하는 것. 특정 방식이나 아이디어를 실현하여 타당성을 증명하는 것

2 머신 러닝(Machine Learning): 인공 지능의 한 분야로, 컴퓨터가 학습할 수 있도록 하는 알고리즘과 기술을 개발하는 분야. 가령, 기계 학습을 통해서 수신한 메일이 스팸인지 아닌지를 구분할 수 있도록 훈련할 수 있음

3 하이브리드(Hybrid): 특정한 목표를 달성하기 위해 두 개 이상의 요소를 합친 것

4 온프레미스(On-Premises): 원격 시설이 아닌 소프트웨어를 사용하여 개인 또는 조직의 구내 컴퓨터에 설치 및 실행

5 연중 구독(Annual Subscription): 제품을 개별적으로 판매하는 대신 주기적(연간) 사용 또는 제품 또는 서비스에 대한 액세스를 제공

6 총소유비용(TCO, Total Cost of Ownership): 구매자와 소유자가 제품이나 시스템의 직접 및 간접비용을 결정하는 데 도움이 되는 재무 추정치. 사회적 비용을 포함하는 전체 비용 회계에서 사용될 수 있는 관리 회계 개념

7 드래그 앤 드롭(Drag-And-Drop): 컴퓨터 그래픽 사용자 인터페이스 환경에서 시각적인 객체를 클릭하면서 다른 위치나 다른 가상 객체로 끌어다 놓는 행위

8 라이브러리(Library): 주로 소프트웨어를 개발할 때 컴퓨터 프로그램이 사용하는 비휘발성 자원의 모임. 여기에는 구성 데이터, 문서, 도움말 자료, 메시지 틀, 미리 작성된 코드, 서브루틴(함수), 클래스, 값, 자료형 사양을 포함

9 딥 러닝(Deep Structured Learning / Deep Learning / Hierarchical Learning): 여러 비선형 변환기법의 조합을 통해 높은 수준의 추상화(Abstractions, 다양의 데이터나 복잡한 자료들 속에서 핵심적인 내용 또는 기능을 요약 하는 작업)를 시도하는 기계 학습 알고리즘의 집합으로 정의되며, 큰 틀에서 사람의 사고방식을 컴퓨터에게 가르치는 기계학습의 한 분야

10 컴퓨터 비전(Computer Vision): 기계의 시각에 해당하는 부분을 연구하는 컴퓨터 과학의 최신 연구 분야

11 자연어 처리(Natural Language Processing): 인간의 언어 현상을 컴퓨터와 같은 기계를 이용해서 모사할 수 있도록 연구하고 이를 구현하는 인공지능의 주요 분야

12 대시 보드(Dashboard): 웹에서, 한 화면에서 다양한 정보를 중앙 집중적으로 관리하고 찾을 수 있도록 하는 사용자 인터페이스(UI) 기능. 여러 종류의 웹 기반 콘텐츠를 재사용할 수 있도록 구성하고 문서, 웹 페이지, 메시징, 미디어 파일 등 다양한 콘텐츠를 한 화면에서 관리하는 것

RPA의 미래모습

1 허브와 스포크(Hub & Spoke) 모델: 물류용어. 각각의 출발지(Spoke)에서 발생하는 물량을 중심 거점(Hub)으로 모으고, 중심 거점에서 물류를 분류하여 다시 각각의 도착지(Spoke)로 배송하는 형태. 마치 바퀴의 중심축(Hub)과 바퀴살(Spoke)의 모습을 연상케 함으로 붙여진 이름

2 인지 알고리즘(Cognitive Algorithm): 인간의 마음과 동물 및 인공적 지적 시스템에서 정보처리가 어떻게 일어나는가를 알아내기 위한 일련의 절차나 방법을 공식화한 형태로 표현한 것

3 전자의무기록(EHR, Electronic Health Record): 디지털 형태로 체계적으로 수집되어 전자적으로 저장된 환자 및 인구의 건강정보

4 고객 서비스(Customer Service) 활동: 재화나 서비스 상품을 구입한 고객에게 제공하는 사후 관리 서비스. 대한민국에서는 흔히 한국어식 영어 'A/S(After-Sales Service)'로 불림

5 SOC(Security Operation Center): 엔터프라이즈 정보 시스템(웹 사이트, 애플리케이션, 데이터베이스, 데이터 센터 및 서버, 네트워크, 데스크탑 및 기타 엔드 포인트)을 모니터링 평가 및 방어하는 센터

6 SOAR(Security Orchestration, Automation, and Response): 서로 다른 소스에서 데이터를 수집하고 보안 이벤트에 자동으로 응답하는 일련의 애플리케이션

7 고객 경험(CX, Customer Experience): 조직과 고객이 관계를 유지하는 동안 발생하는 제품 상호 작용. 이 상호 작용은 고객 여정, 고객이 상호 작용하는 브랜드 터치 포인트 및 고객이 경험하는 동안 경험하는 환경(디지털 환경 포함)의 세 부분으로 구성됨

자주하는 질문

1 RPA-as-a-Service(RaaS): 로봇 및 임베디드 장치를 웹 및 클라우드 컴퓨팅 환경에 원활하게 통합할 수 있는 클라우드 컴퓨팅 장치. SOA(Service-Oriented Architecture) 측면에서 RaaS 장치에는 기능을 수행하기 위한 서비스, 검색 및 게시를 위한 서비스 디렉토리 및 사용자의 직접 액세스를 위한 서비스 클라이언트를 포함함

참고문헌

권혁철, "세계경제사", 〈한국경제〉, 2014

김대식, 『김대식의 빅퀘스천』, 동아시아, 2014

김대식, 『인간과 기계-인공지능이란 무엇인가』, 동아시아, 2016

김재인, 『인공지능의 시대, 인간을 다시 묻다』, 동아시아, 2017

민경배, 『처음 만나는 사회학』, 다른길, 2018

박정열, 『AI시대 사람의 조건 휴탈리티』, 한국경제신문, 2020

사이토 가즈노리 저, 이정환 옮김, 『AI가 인간을 초월하면 어떻게 될까』, 마일스톤, 2018

선태유, 『인공지능의 미래 사람이 답이다』, 리드리드출판, 2017

송경모, "스마트팩토리 역사가 말하는 일자리의 미래", 〈테크M〉, 2017

송순오, 『모두를 위한 RPA UiPath 입문+활용』, 앤써북, 2019

숀 게리시 저, 이수겸 옮김, 『기계는 어떻게 생각하는가?』, 이지스퍼블리싱, 2019

신상규 외, 『포스트휴먼이 몰려온다-AI시대, 다시 인간의 길을 여는 키워드8』, 아카넷, 2020

안무정, 『4차 산업혁명을 주도할 6가지 코드』, 나비의 활주로, 2018

안무정, 『테크노사피엔스가 온다』, 나비의 활주로, 2019

이어령, 『디지로그』, 생각의 나무, 2006

일본경제신문사 저, 서라미 옮김, 『AI 2045 인공지능 미래보고서』, 반니, 2019

조성갑, 『미래 플랫폼 정보기술 : 4차 산업혁명시대』, 진한M&B, 2019

조원경, 『한 권으로 읽는 디지털 혁명 4.0』, 로크미디어, 2018

최윤식, 『당신 앞의 10년, 미래학자의 일자리 통찰』, 김영사, 2020

카와카미 마나노부 외 2인 저, 조주현 옮김, 『그림으로 이해하는 스마트팩토리-IoT, AI, RPA를 활용한 제4차 산업혁명 시대의 제조업 혁신 기술』, 위키미디어, 2019

카카오 AI리포트 편집진, 『카카오 AI리포트 인간과 인공지능을 말하다』, 북바이북, 2018

토비 월시 저, 이기동 옮김, 『AI의 미래 생각하는 기계 : 인공지능 시대, 축복인가?』, 프
리뷰, 2018

LG CNS, "인공지는 로봇 업무자동화-RPA 플랫폼을 통해 업무효율을 혁신하세요"
(https://www.youtube.com/watch?v=Rb8Byw6dU8M&feature=youtu.
be)

Merianda, Srikanth, 『Robotic Process Automation Tools, Process Automation
and their benefits : Understanding RPA and Intelligent Automation』,
Createspace Independent Publishing Platform, 2018

Sabharwal, Abhinav, 『Introduction to RPA』, Independently Published, 2018

Sireci, Jonathan, 『The Practitioner's Guide to RPA A Practical Guide for
Deploying Robotics Process Automation』, Independently Published,
2020

Wibbenmeyer, Kelly, 『The Simple Implementation Guide to Robotic Process
Automation』, iUniverse, 2018

에필로그

'보이지 않는 고릴라 실험'이란 것이 있었다. 이 실험의 주요 골자는 '사람은 자신이 보고 싶은 것에 집중하며 실제 존재하는 것일지라도 관심이 없으면 보지 못한다.'는 것이었다.

반대로 생각하면, 관심 있게 집중하면 평소 보지 못했던 것들이 눈에 들어온다는 것이다. 이런 경험은 주변에서 쉽게 만나는 되는데, 필자의 경우 특정 브랜드의 SUVSports Utility Vehicle 차량이 마음에 들어 웹 사이트, 유튜브, TV 등에서 관심 있게 찾아보았더니 어느 날부터인가 길에서 같은 차량이 계속 보이기 시작한 것이다. 그 차량은 필자가 보지 못하던 때에도 계속 다니고 있었을 것이다. 그동안 관심이 없어서 보지 못했을 뿐이다.

나이가 들면 시간의 속도가 나이만큼 빨라진다는 말이 있다. 시간은 모두 같이 적용되는데 어린이의 시간과 노인의 시간의 속도는 각각 같은 느낌일까? 노인의 시간이 어린이의 시간보다 빠르게 가는 것처럼 느껴지는 것은 왜일까? 이것은 우리의 기억과 관련이 있다고 한다. 어린이의 하루에는 새로운 이벤트가 많이 생긴다. 처음 보는 사람, 장소, 친구, 장난감, 책, TV 방송, 게임 등. 노인의 하루는 어떨까? 어제의 이벤트와 오늘의 이벤트 사이에 별 차이가 없다. 그러면 뇌는, 같은 것은 기억하지 않고 스킵Skip해 버린다. 때문에 시간의 흐름이 빠르게 느껴지는 것이다. 이는 영사기에 서로 다른 장면의 슬라이드가 여러 개 있는 것과 슬라이드가 몇 개 없는 것과 같다. 역으로 시간의 흐름을 조금이라도 천천히 가게 하려면, 새로운 이벤트를 많이 만들면 될 것이다. 새로운 장소에 가 보고, 새로운 사람을

디지털 혁명, RPA의 습격

만나고, 새로운 것을 먹어 보고, 만들어 보고 등등. 이런 것이 하루를, 그리고 인생을 재미있게 사는 방법으로 여겨진다. 이러한 재미난 부분은 어떤 주제에 관심 있는 자만이 볼 수 있는 특권일 것이다.

필자에게 RPA는 그렇게 다가왔다. 최근에 소개되어 국내에 아직 많은 전문가나 경험이 없는 상황이었는데, 필자는 어느새 흥미를 끄는 RPA 개념에 빠져서, 실제로 사례를 적용하여 결과까지 만들어 내고 있다. 다행히도 여기에 몸 담으며 배우고 또 적용하며 더불어 보람도 얻을 수 있었고 지금도 매일이 새로운 이벤트가 되었다. 더구나 이 분야가 지속적으로 성장 가능성이 있는 분야라고 생각되니 금상첨화이다. 그래서 많은 사람들에게 소개하고 싶었다. RPA는 이제 시작되는 개념이며 얼마나 더 개인과 기업에 확산이 될지 모를 일이다. 다만, 우리에게 현재 유익한 혜택을 주고 있는 것만큼은 확실하다. 워라밸Work and Life Balance을 도와주고 있는 것이 그 하나의 예이다. 다시 말해 모바일과 클라우드가 가져온 생활의 혁명만큼이나 디지털 혁명을 앞당길 수 있는 흥미로운 주제가 RPA이다.

오늘도 우리 옆으로 좋은 기회, 좋은 사람들, 좋은 물건이 지나쳐 갔을 것이다. 느낌이 살아 있지 않거나 눈이 멀었거나 정신이 산만하거나, '촉'이 살아 있지 않으면 많은 것들을 놓친다. 반대로 감각이 민감하게 살아 있다면 많은 기회들을 잡을 수 있을 것이다. 우리는 바쁜 하루를 사느라 정작 중요한 것들을 못 보고, 못 하고 산다.

우리를 바쁘게 만드는 것들로부터 조금 더 자유로워지고, 그래서 더 의미 있고 중요한 것에 집중할 수 있도록 RPA가 돕는 역할을 할 것이다. 공장 자동화이건 사무 자동화이건 현재 자동화 대상의 프로세스는 모두 인간의 필요에 의해 하나씩 만들어 낸 인위적인 것들이다. 즉, 태초에 없던 것들을 다시 자동화란 도구에 되돌려 보내고 인간은 원래 우리가 해야 하고 잘할 수 있는 것에 다시 집중할 수 있게 된다는 것이다. 이것이 RPA의 철학이다.

오늘도 여의도에서 어떻게 하면 RPA를 통해 고객이 효과를 볼 수 있을까, 그래서 도움이 되는 솔루션 공급자로, 컨설턴트로 역할 할 수 있을까 고민한다.

RPA라는 새로운 개념에 관심이 많은 분들께 조금이나마 도움이 되었으면 한다. 가치 있는 정보나 경험을 또 공유하도록 노력할 것이며, 잘못된 부분에 대한 날카로운 지적과 새로운 정보를 받으면 감사하는 마음으로 계속 보완해 나가겠다.

2020년 5월 여의도에서

디지털 혁명, RPA의 습격